In Farbe getauft
Eine Novelle

Mit Photographien von
Yves Müller

TOTE CHÖPFLI

Copyright © 2020 Totechöpfli, Kyburg
Neuauflage, 2023

ISBN 978-3-907431-05-4

Umschlaggestaltung: Totechöpfli, unter Verwendung eines
Photos von Yves Müller und eines Bildes von eluela31 auf
Pixabay.

Photographien: Yves Müller
Lektorat: Sabrina Železný
Korrektorat: Denise Polaczuk
Satz und Layout: Totechöpfli
Druck: WIRmachenDRUCK Schweiz GmbH
Vertrieb: Totechöpfli

Für Pascal

TOTE CHÖPFLI

Silberne Filigranität

Langsam fuhr der Pinsel über die Leinwand, erschuf eine sternenklare Nacht. Linien, die sich in sanftem Schwingen von dunklen Felsen abhoben, flochten sich ineinander. Sie bildeten ein kaleidoskopartiges Muster in Blau, Grau und Silber.

Duris Augen nahmen jeden Millimeter der Brücke vor ihm wahr. Seine Hand malte von selbst, während er die Stahlkonstruktion betrachtete. Das Geländer der Brücke war nicht gerade, sondern hob und senkte sich. Der Holzboden bröckelte, war aufgerissen. Mitten auf dem Steg verdorrten Blumen, die jemand dort hingestellt hatte. Sie bildeten ein verblichenes Memento Mori und riefen zu Bedächtigkeit auf. Duri sehnte sich nach ihrer Nähe, weil sie ihn realer dünkten als die Kälte der Nacht und die silberne Bescheidenheit der Brücke. Sein Pinsel berührte sie im Geist, erkannte ihr Sein, das Geheimnis ihrer Vergänglichkeit. Sie wurden zu einem Teil einer Komposition, die schöner war als die Wirklichkeit. Und dennoch nicht vollendet.

Duri senkte seine Hand und verharrte. Mit dem Malen der Brücke wollte er ein Bild schaffen, das eine Pforte werden konnte. In eine Welt, die besser war, als das Leben es je sein würde. Eine Tür zu einem Ort, an dem Vernunft und Banalitäten neben Visionen und Leben nicht bestehen konnten. Aber Duri vermochte es nicht. Er scheiterte an seiner eigenen Unzulänglichkeit. Das Tor blieb verschlossen. Wie immer.

Seufzend packte Duri seine Utensilien zusammen. Sorgfältig, beinahe pedantisch, wusch er die Pinsel noch vor Ort in einem alten Gurkenglas aus und steckte sie in den dafür vorgesehenen Beutel. Er stellte die Leinwand auf den Boden, faltete die Reisestaffelei behutsam zusammen und versorgte sie in seinem Rucksack. Dann ergriff er das Gemälde, das er soeben gemalt hatte. Sein Blick huschte nur kurz über das unvollendete Bild und glitt weiter zu den Bergen, die einen zwielichtigen Horizont bildeten. Entschlossen warf er die Leinwand mit seinem Kunstwerk über das Brückengeländer, hinunter in den leise gurgelnden Inn. Nur ein dumpfes Klatschen verriet, dass das Bild das Wasser küsste und davongetragen wurde. Duri blieb bewegungslos stehen und lauschte. Es war eine windstille Nacht. Kein Geräusch entweihte das jetzt wieder regelmässige Zischen des Flusses. Es roch frisch, einnehmend, nach Sehnsucht.

Der Maler stapfte steif von der Brücke. Er trat zwischen die alten Häuser und versuchte, seine innere Leere mit der Stille seiner Umgebung zu füllen. Doch in ihm klaffte ein Schlund, der alles auffrass.

Duri lebte in der Dunkelheit. Er mied Leute, wann immer es ging. Nicht, weil er sie nicht mochte, sondern weil er sie nicht verstand. Er wusste nicht, wie er auf ihre Handlungen reagieren sollte, konnte nicht einschätzen, was sie von ihm erwarteten. Tagsüber arbeitete er in einem Archiv, in dem er im Moment lokale Zeitungsberichte der letzten hundert Jahre einscannte und sortierte. Sein Arbeitsplatz war ein Kellerraum in einer Bibliothek. Dort gab es kein Tageslicht, aber es war eine gute Arbeit, die nicht so langweilig war, wie sie klang. Er las alles und entschied eigenmächtig, was wichtig genug war, um archiviert zu werden, und was für immer der Vergessenheit anheimfallen würde. Ausserdem konnte er frei über seine Arbeitszeit verfügen. Dies führte dazu, dass er immer erst um ein Uhr zu arbeiten begann, dann vollkommen in die Welt des Archivs eintauchte und meist gegen zehn Uhr abends die Bibliothek verliess. Anschliessend fuhr er nach Hause, ass irgendetwas Kleines, meist Kaltes, und schnürte seinen Malrucksack. Jede Nacht ging er zu der Brücke am Inn hinunter. Wenn es stark regnete, stand er einfach dort und beobachtete sie. Ansonsten packte er sein Malzeug aus, skizzierte oder tauchte die Pinsel in Farbe und versuchte, eine Pforte zu der fremden Welt der Brücke zu öffnen. Immer vergebens.

Duri wohnte in einem alten Haus weit oberhalb der Siedlung. Es grenzte an den Wald und war abgelegen genug, um aus dem Alltag des Dorfes ausgesondert zu sein.

Das Gebäude hatte seiner Tante gehört. Sie hatte ihn aufgezogen, manchmal verwöhnt. Gleichzeitig hatte sie sich gewünscht, dass etwas aus ihm werden solle, dass er vielleicht Medizin studiere, den Leuten helfe, der Welt etwas Gutes tue. Er hatte sie enttäuscht, aber sie war trotzdem bis zum Ende zu ihm gestanden. Nun lag sie auf dem Friedhof über dem Fluss und blickte in Richtung Apokalypse.

Duri passierte die grosse Strasse, schlug einen Feldweg ein und ging schliesslich auf einem kleinen Trampelpfad weiter, in den Wald hinein.

Seine Mutter, Chatrina, war bei einem Autounfall gestorben, als er knapp zwei Jahre alt gewesen war. Sein Vater, Jon, lebte noch. Duri versuchte den Kontakt zu ihm zu vermeiden. Jon pflegte ihm alle paar Monate eine Nachricht zu schicken, die Duri kurz überflog und dann unbeantwortet löschte. Er empfand keinerlei Respekt für diesen Mann. Manchmal fragte er sich, ob er überhaupt etwas für Jon fühlte. Dann grub er tief in seinem Inneren und fand nur Verachtung und Hass. Aber immerhin. Hass war besser als leere Gleichgültigkeit. Duris Vater war ein Narzisst und besessen von einer Macht, die er nie gehabt hatte. Er wollte keine Freunde, sondern Sklaven um sich herum.

Duri lief ein kalter Schauer über den Rücken, teils wegen der nächtlichen Kühle, teils wegen der unangenehmen Erinnerungen. Seine Mutter hatte den Vater verlassen, als sie mit Duri schwanger gewesen war. Vielleicht hatte sie sich in einen anderen verliebt, wie einige behaupteten. Möglicherweise hatte sie aber ihren Sohn auch einfach aus dem

erdrückenden Umfeld seines Erzeugers retten wollen. So zumindest hatte es Duris Tante immer dargestellt. Diesen Verlust hatte Jon nie verkraftet und seiner Frau auch nie verziehen. Duri hatte das Gefühl, dass Jon nach Chatrinas Tod die Mischung aus Schuldzuweisungen, Verachtung und Hass, die er ihr gegenüber empfunden hatte, auf seinen Sohn projizierte. Duri und sein Vater hatten deswegen ein sehr schwieriges Verhältnis zueinander.

Duri erreichte sein kleines Haus. Hier fühlte er sich wohl, trotz aller Langeweile, die von den Mauern ausgestrahlt wurde. Sorgfältig stellte er seine Kunstutensilien an ihren Platz, dann putzte er mit derselben Genauigkeit, die er allem anhaften liess, seine Zähne, zog sich aus und legte sich nackt ins Bett. Er begann seine Gedanken kreisen zu lassen, dachte an Berge, Wasser, die unzähligen Farben des Lebens. Die Brücke beugte sich zu ihm hinunter, liebkoste ihn, wollte ihn zu sich einladen.

Aber Duris Augen waren bereits zugefallen.

Apfelgrün

Arvengrüne Sehnsucht

Die Bäume bildeten ein dichtes Netzwerk aus horizontalen und vertikalen Linien. Sie verwoben sich mit ihren Ästen ineinander. Duris Blick folgte den einzelnen Zweigen, ihren Gabelungen, ihren Wegen in eine Welt, die die moosbewachsene Erde wie ein Dach beschützte. Er fühlte sich mit ihnen hinweggehoben, über seine Sorgen, über die Menschen hinaus. Ein Wald voller dunkler Geheimnisse.

Während er die Magie des Forstes in sich aufsog, legte sich ihm eine grosse Hand auf die Schulter. Duri zuckte zusammen. Die Hand fuhr ihm über den Rücken, dann folgte ihr eine tiefe, erdige Stimme: „Da hinten hat es weitere."

Die Hand löste sich und schwang zu einem starken Körper zurück. Duri musste lächeln. Sein Blick wanderte von den Bäumen auf denjenigen, dem diese Hand gehörte: Linard. Linard war ein Löwe; ein Mann wie aus einer guten Geschichte. Mit wallenden grauen Haaren und ausladendem Bart. Er war Duris bester und einziger Freund. Sie teilten Träume und Sehnsüchte. Aber wie die Bäume strebte Linard nicht nur in die Höhe, er war auch Duris Wurzel. Viel älter als Duri hatte er früher mit einem Mann zusammengelebt, war unterdessen aber alleine. Linard war enttäuscht vom Leben, dennoch stand er breitbeinig mitten in der Welt. Er hatte Spass daran, Steuererklärungen auszufüllen, und konnte mit jeder Person ein halbwegs sinnvolles Gespräch

Apricot

führen. Wenn er sich gut fühlte, machte er sich mit seinem Charme die ganze Welt untertan. Wenn es Linard jedoch schlecht ging, war er wie eine Lawine aus Gülle: stinkig, bodenlos und alles mit sich reissend.

Duri beobachtete, wie Linards grosse Hände die kleinen Pilze umfassten. Die beiden Freunde hatten ein seltsames Verhältnis zueinander. Duri wusste, dass Linard seit Jahren in ihn verliebt war. Aber er erwiderte Linards bisweilige zärtliche Berührungen kaum. Duris romantische Liebe gehörte nur den vollendeten Wogen der Brücke. Linard war für ihn etwas anderes: ein Fels, der aus dem Inn ragte, ein Kirchturm, der den Himmel herausforderte. Und manchmal nur ein neckisches Aufblitzen in bodenlosen Augen, ein sanftes Nicken. Linard war der, dem er vertrauen konnte, der, den er mit über die Brücke nehmen würde, falls sie ihm je den Weg in eine andere Welt zeigen würde.

Nun kam der Löwe zu Duri zurück. Seine dunklen Augen funkelten vor Weisheit und Schalk. In ihnen spiegelte sich der Wald wie ein schweigendes Versprechen.

Einen Moment lang sah Duri in seinem Freund einen aus dem wilden Volk, mit einer wallenden Blätterkrone und der Macht, den Sturm zu bezwingen. Ein Knüppel, gefertigt aus einem Ast, lag in seiner grossen Hand, die Bäume priesen ihn als einen der ihren. Doch dann hob sich das Traumgesicht so plötzlich, wie es gekommen war, und Linard war einfach wieder Linard.

Aqua

Duri schüttelte ungläubig den Kopf. Der Anblick, wie sein Freund zwischen den Arvenstämmen stand, mit ihnen verschmolz, ergriff sein Herz. Dann bewegte sich Linard auf ihn zu und stellte sich in seiner vollen Grösse vor ihm auf. Duri erwartete, dass er ihm die gesammelten Pilze zeigen oder von Wildkräutern, die er gerne zusammensuchte, schwärmen würde. Doch Linard betrachtete ihn einige Momente schweigend und fragte dann unvermittelt: „Was ist für dich Heimat?"

Duri starrte Linard an. Die Situation erschien ihm surreal; einer anderen Dimension entlehnt. Plötzlich fragte er sich, wie er sicher sein konnte, dass Linard tatsächlich vor ihm stand und nicht einfach nur eine Einbildung war? Doch Duri verdrängte die aufwallenden Zweifel an der Realität sofort. Denn er kannte die Antwort: Es gab keine. Niemand wusste, was wirklich war und was nicht. Aber es war auch nicht wichtig. Linard war so, wie er war. Im Traum und in Realität.

Ohne weiteres Zögern erwiderte Duri deshalb: „Ich weiss nicht. Ich denke nicht, dass es so etwas wie Heimat gibt."

Mit dieser offenen Antwort schien er bei Linard einen Schalter umzukippen.

„Heimat ist ein seltsames Konstrukt", begann Linard, „es hat mit Erwartungen zu tun. Heimat besteht aus dem, von dem man erwartet, dass es bestimmten Regeln folgt, dass es so ist, wie man es sich denkt. Doch was sind Erwartungen?

Sie sind etwas Eingeübtes. Man lernt sie während der Kindheit. Insofern kann man sie auch ändern. Oder haben etwa die Leute Recht, die behaupten, Heimat sei dort, wo ihre Familie sei. Nur: Wer bestimmt, was Familie ist? Wer gehört zum Beispiel zu deiner Familie, Duri?"

Der Blick der dunklen Augen verharrten erwartungsvoll auf Duris Gesicht. Der Maler schluckte und dachte nach. Seine Mutter, an die er sich nur anhand von Photographien erinnern konnte, war tot. Seine Tante, die er über alles geliebt hatte, war tot. Sein Vater, für den er nie irgendetwas gefühlt hatte, war fremd und weit weg. Sonst gab es nur noch einen Menschen auf dieser Welt, für den er familiäre Gefühle hegte. Duri antwortete deshalb: „Du, Linard. Du bist wie ein Bruder."

Aztekengold

Linards Gesichtszüge wurden weich. Einen Augenblick lang verschmolz er mit den sanften Farben des Waldes, wurde vom wilden Mann zu einem gütigen Gott. Dann antwortete er, da er sich offenbar bestätigt fühlte: „Siehst du. Wir können uns unsere Familie selbst wählen. Wir lieben die, die wir lieben. Nicht, weil wir es müssen, sondern weil wir es wollen. Ob diese dann per Zufall auch verwandt sind mit uns oder nicht, ist belanglos."

Duri war sich nicht sicher, ob er Linards Meinung teilte. Aber fürs Erste klang sie gut und weckte in seinem Herzen irgendwie eine merkwürdige Sehnsucht, die sich mit dem Duft der Arven vermischte. Er nickte deshalb, dann antwortete er, um das Gerede mit etwas Konkretem zu füllen: „Für mich wird das Wort Heimat immer diesen Geruch hier tragen. Und diese Farben. Ich glaube, Heimat ist vor allem eine Erinnerung."

Linards Hand strich über den Stamm eines Baumes, der direkt neben ihnen in einer bizarr verdrehten Art nach oben wuchs. Dann antwortete er: „Ja, Heimat ist Erinnerung. Aber vielleicht ist sie vor allem ein Gefühl, das da tief innen brummt und das wir weder uns noch anderen je wirklich erklären können."

Duri sog diese Worte und Linards Bewegung in sich ein, Erinnerungen sammelnd. Doch seine Emotionen blieben ungerührt. Wieso? Vielleicht, weil er keine Heimat kannte. Sein Herz gehörte einer Brücke über einen gurgelnden

Fluss. Das Wasser trennte die Welt in da oder dort. Dennoch gab es dieses eine verbindende Element: die Brücke. Zwischen hier und drüben lagen lediglich einige Schritte über einen Holzboden. Der Brücke war es völlig egal, wer sie beschritt. Arme oder Reiche, Junge oder Alte, Gute oder Böse, Ziegen oder Kühe.

Würde er es wagen, sie zu überqueren?

Farblose Worte

Gegen Mittag des darauffolgenden Samstags erhielt Duri, kaum war er aufgewacht, eine Nachricht von seinem Vater. Wie gewohnt überflog er sie und beschloss, sie zu ignorieren.

Am Nachmittag klingelte das Telefon. Es war eine Nummer, die er nicht kannte. Widerwillig nahm er ab: „Ja?"

„Hallo, Duri. Hier ist Luca. Geht es dir gut?"

Duri antwortete nicht. Er hatte keine Ahnung, wer dran war. Die Stimme war farblos. Duri verband Menschen gerne mit Farben. Linard war für ihn ein tiefes Sonnenblumengelb, das alle Blicke auf sich zog und Glück versprühte. Seine Tante hatte er immer im Blau eines herrlichen Maihimmels gesehen, ein bisschen kühl, ein bisschen sehnsüchtig und doch unendlich weit und offen. Seine Mutter, auch wenn er sie nicht gekannt hatte, hatte sich als Alpenrosenrot in seinen Erinnerungen verewigt, als eine Farbe, die eine unwirtliche Welt erblühen lässt. Sein Chef im Archiv war eher ein dunkles Erdbraun, das sich geduldig und stetig vorwärts bewegte. Aber diese Stimme hier war nichts, nicht einmal grau. Als das Schweigen unangenehm wurde, sagte die Stimme: „Ich bin der Mann von Jessica."

Duri murmelte irgendetwas. Ein fahles Gesicht tauchte vor seinem inneren Auge auf. Jessica war die Tochter von Petra, Petra die ehemalige Geliebte seines Vaters. Jessica hatte

Bernstein

Duri als zierlich, hübsch mit blonden Locken in Erinnerung. Doch ihre haselnussbraunen Augen waren wie eine Truhe, die nach aussen schön erschien, aber ihr Inneres fest verschlossen hielt: Es konnten goldene Rosen oder Leichen darin liegen. Duri wusste nicht, was in Jessica vorging. Sie war Engel und Teufel zugleich. Ihre ganze Gestalt hinterliess einen faden, fast schon schmerzvollen Stich in Duris Herz. Als Farbe wäre sie ein merkwürdig unsystematisierbares Neongrün. Er versuchte, diese plötzlich aufsteigenden unangenehmen Gedanken abzuschütteln. Aber es gelang ihm nicht. Dumpfe Erinnerungen zogen wie ein Stummfilm vor seinem inneren Auge vorbei. Er konnte sich ihrer nicht entziehen.

Duri wusste Folgendes: Nach dem Tod von Chatrina hatte sich Jon einige Jahre zurückgezogen. Dann war er Petra begegnet, sie hatten sich verliebt und waren zusammengekommen. Die neue Geliebte brachte aus erster Ehe eine Tochter, jene Jessica, mit. Doch mit Duri hatte sich Petra nie angefreundet. Für Duri blieb sie eine nichtssagende Person. Sie war für ihn wie ein fast durchsichtiges hellbraunes Herbstblatt im Wind. Sie flatterte, wohin es sie trieb, liess mit sich machen, was kam. Das Hellbraun war unauffällig, passte sich der Umgebung an und vermischte sich mit den Farben um es herum. Sogar mit einem lichtlosen Schwarz. Jon war für Duri wie ein pechschwarzer Abgrund. Ein Loch ohne Boden, das einen gnadenlos verschluckt, wenn man sich ihm preisgibt. Duri wusste, dass sein Vater Petra schlecht behandelt hatte. Nicht körperlich, aber er hatte versucht, ihr seine Lebensart aufzuzwingen. Sie zu einer Sklavin zu machen. Sie hatte es sich eine Weile gefallen lassen. Doch nach einigen Jahren war sie gegangen und hatte sich, gemäss den Nachrichten des Vaters, nur noch äusserst selten bei ihm gemeldet, was bei Jon jeweils ein Gejammer über die Schlechtigkeit der Menschen ausgelöst hatte.

Am Telefon war also der Mann von Jessica, der Tochter von Petra. Duri hatte ihn noch nie gesehen und konnte sich keinen Reim auf diesen Anruf machen. Da er immer noch schwieg, erklärte der Mann am anderen Ende der Leitung schliesslich: „Ich rufe an wegen Jon. Er ist im Krankenhaus; es geht ihm nicht gut."

Duri schüttelte sich innerlich. Er hasste das Gespräch bereits jetzt. Worauf wollte der ihm völlig unbekannte Mann hinaus? Duri wusste, dass sein Vater im Krankenhaus war. Jon selbst hatte es ihm am Morgen geschrieben. Deshalb antwortete er: „Und? Was willst du?"

„Jon will dich sehen. Es ist ihm sehr wichtig."

„Aha."

„Du bist sein einziger Sohn."

„Hm."

„Er bittet darum."

„Ja?"

„Was ja? Verdammt. Er ist dein Vater. Du musst ihm jetzt schauen. Oder wie herzlos bist du eigentlich? Geh sofort zu ihm!"

Die farblose Stimme war nun schneidend und weiss wie ein eisiger Bergwind, der ruhelos durch die Täler fegte.

„Danke für den Anruf." Duri legte auf.

Was für ein Arsch! Wieso musste sich jemand, der ihm dermassen unbekannt war, in diesem Ton in sein Leben einmischen? Was wusste dieser Luca? Wieso liess er sich instrumentalisieren? Wofür? Und von wem? Von Jessica?

Duri spürte, wie die Calven-Schlacht in ihm ausbrach. Der Krieg begann mit einem Aufblitzen von kühlem Stahl, dann wallte dunkles Blut, wühlte innerlich alles auf und wurde zu einem heissen Gefecht, das Duri mit sich davontrug.

Blautanne

Sein ganzes Inneres drängte ihn dazu, sofort zur Brücke hinunterzustürmen. Aber es war Tag. Bei Licht war die Stahlkonstruktion nur eine Brücke. Nicht seine Brücke. Duri musste also warten.

Er ging unruhig in seiner kleinen Küche auf und ab. Vor ihm wuchsen Erinnerungen in die Höhe. Daran, dass sein Vater ihm kein einziges Mal etwas geschenkt hatte, zu keinem Geburtstag, zu keiner Weihnacht. Heute war er froh darum; so schuldete er seinem Vater nichts. Aber als Kind hatte es ihn verwundert, bedrückt und schliesslich die dunkelgrüne, Geborgenheit bietende Farbe seines Vaters in ein tiefes Schwarz verwandelt. Dann dachte er daran, dass er nie wusste, was er mit Jon reden sollte. Sie sprachen höchstens zwei Sätze, dann schwiegen sie normalerweise beide. Duri war kein geselliger Mensch, er äusserte sich nicht gerne von sich aus. Diesbezüglich schien er seinem Erzeuger ähnlich zu sein. Er dachte daran, dass sein Vater ihm nie irgendwelche Fragen stellte, sondern immer nur forderte. Vielleicht war dies das Wesen des Vaters, vielleicht aber auch nur eine Strategie, weil er nicht wusste, wie er mit seinem eigenwilligen und ein bisschen merkwürdigen Sohn umgehen sollte. Möglicherweise waren sie sich ähnlicher als Duri hoffte und dachte. Er erschrak. Die Farbe, die er mit seinem Vater verband, stülpte sich über ihn. Vielleicht war er selbst auch ein tiefes schwarzes Loch, das alles in sich aufsog?

Blush

Das Nachdenken liess Duri erzittern; er fühlte sich wie ein herrenloses Rad, das den Berg hinunterkullerte und bei jeder Umdrehung schneller wurde. Noch immer pilgerte er in seiner Küche herum. Er musste mit jemandem reden. Da es zu hell für die Brücke war, blieb nur einer für ein Gespräch übrig. Duri zog eine dünne Jacke über sein Hemd, ergriff seine Mütze, ohne die er nie aus dem Haus ging, und eilte ins Dorf hinunter. Sein Ziel war eines der alten Häuser im Kern. Dort wohnte Linard.

SCHNAPSFARBENE
KRANKENHAUSGÄNGE

„Mein Vater liegt im Krankenhaus. Es scheint mit ihm zu Ende zu gehen." Duri hielt Linard sein Handy hin. Dieser las Jons Nachricht schweigend.

„Du solltest ihn besuchen", bemerkte Linard, ohne ihn anzuschauen.

„Unter keinen Umständen!" Duris Stimme fuhr wie ein glühender Blitz durch die Luft. Aber es war ein Feuerstoss, der nichts verbrannte.

„Wieso nicht? Was hast du zu verlieren?" Nun grub sich der Blick von Linards fast schwarzen Augen in Duris Gesicht und fesselte ihn.

Duri wand sich aus diesem Blick heraus. Er mochte ihn nicht. Linards Augen waren manchmal sanft wie ein frisches Schneefeld, manchmal aber bodenlos wie finstere Bergseen, in denen man zu ertrinken drohte, weil es kein Oben, kein Unten, keinen Ausweg gab.

Wieso er nicht wollte? Ein stumpfer Aufschrei kroch in Duri hoch. Sein Vater war ihm nicht egal. Daran lag es nicht. Es war auch nicht die dumpfe Lustlosigkeit, die ihn bei dem Gedanken, ins Spital zu fahren, überschwemmte. Sondern es war etwas, das sich wie der Blick in einen mürben Spiegel anfühlte. Was, wenn er tatsächlich genau so war wie sein Vater? Manchmal ertappte er sich bei dem zwanghaften Gedanken, den Menschen ausweichen zu müssen, damit er sie nicht so ausnutzte, wie Jon das tat. Er wollte nicht in das Gesicht seines Erzeugers schauen, da er Angst hatte, sich dabei vor sich selbst bis auf die Seele auszuziehen. Er wollte nicht so wie sein Vater werden.

Linard merkte offenbar, wie es in Duri arbeitete. Er trat heran, legte ihm schützend seinen riesigen Arm um die Schulter und bemerkte leise: „Er ist nur ein alter, sterbender Mann. Er kann dir nichts tun."

Duri entzog sich dem Arm nicht, aber deutlicher Widerwille kroch in ihm hoch. Linard schüttelte kaum merklich den Kopf, sonst sagte er nichts mehr. Er war ein Mann, der andere Meinungen zuliess, auch wenn er sie nicht verstand. Und genau dadurch konnte er sehr überzeugend sein.

Am Abend marschierten Duri und Linard gemeinsam durch die stechend riechenden Spitalgänge, auf der Suche nach dem Zimmer, in dem Jon lag. Duri hatte ein zwiespältiges Verhältnis zu Krankenhäusern. Sie waren wichtig. Aber sie spiegelten ihm auch zu stark ein vergebliches, elendes Streben der Menschen wider. Denn sie stempelten den Besuchern mit jeder Sekunde, die sie dort verharrten, die Unmöglichkeit einer ewigen Jugend ins Herz. Die mit merkwürdig sinnentleerten Bildern dekorierten Wände schrien „Vanitas". Duri sehnte sich zu seiner Brücke. Er fühlte sich verloren ohne sie, entwurzelt.

Schliesslich fanden die beiden Freunde das gesuchte Zimmer. Nach kurzem Zögern vor der Tür trat Linard als Erster ein. Duri folgte angewidert. Sein Vater lag skelettartig in einem viel zu grossen Bett und rauchte. Als Erstes fielen Duri die eingefallenen Augen auf. Sie blickten aus zwei abgrundtiefen Höhlen auf die Eintretenden und schienen doch nichts zu sehen ausser dem eigenen Elend.

„Bist du also gekommen", bemerkte Jon zynisch und hob eine Hand, die eher einer Klaue glich.

Duri antwortete nicht.

„Hast du mir Schnaps mitgebracht?"

Duri erwiderte ein brummendes „Nein", was bei seinem Vater eine Schimpftirade über die schlechte Verpflegung im Krankenhaus auslöste. Das dürre Haar zuckte dabei auf dem halbkahlen Kopf. Die Ohren schienen riesig zu sein. Der ganze Mensch war nur noch ein Schatten seiner selbst, der Welt bereits enthoben. Wieder flog das Wort „Vanitas" durch Duris Gedanken.

Linard warf seinem Freund einen mitleidigen Blick zu, dann setzte sich der Hüne und wartete, was kommen würde. Jon hockte sich mit zitternden Händen ein wenig im Bett auf. Seine Schultern fielen dabei nach vorne, sodass er einer Heuschrecke glich. Er versuchte Duri mit den Höhlen zu fixieren, fand dessen Gesicht aber nicht. Schliesslich bemerkte er: „Ich werde bald tot sein. Darauf wartest du ja seit Jahren."

Chamois

Nun reagierte Duri. „Nein, ich warte nicht darauf. Du darfst leben, du darfst sterben, du bist ein freier Mensch."

„Du solltest mir helfen. Ich habe schreckliche Schmerzen, bin seit Tagen auf Morphium. Aber von dir kommt ja nichts. Was meint deine Mutter dazu?"

Duris Augen zuckten und zerstörten innerlich Galaxien, doch er sagte überraschend kühl: „Meine Mutter ist tot."

„Ah? Wie auch immer: Wir müssen Klartext reden. Du musst dich um mich kümmern!"

Duris Stirnfalten schoben sich zu Bergen zusammen, die über Abgründen thronten. Die Zeit gefror zu Eis.

Schliesslich antwortete er: „Hast du dich je um mich gekümmert?"

„Wenn du es nicht tust, dann…", zischte Jon wütend. Der Satz erstarb in einem Hustenanfall. Sein ganzer magerer Körper wurde geschüttelt. Duri bemerkte, dass Linards Finger nervös zuckten. Doch der Hüne blieb sitzen und wartete weiterhin ab.

Duri verdrehte die Augen. „Sind wir schon wieder so weit, dass du mir drohen musst?"

Die Luft knisterte. Sie schien jeden Moment zu bersten.

Da griff Linard endlich ein und beruhigte das Gewitter mit seiner tiefen, erdigen Stimme: „Wie geht es dir denn überhaupt, Jon? Gibt es denn gar keine Hoffnung mehr?"

Duri lehnte sich, gleichzeitig erschöpft und erleichtert, zurück. Die nächste halbe Stunde sprach Linard mit Jon

über Schmerzen, Durchfall, die strengen Krankenpfleger, das schlechte Essen, das Rauchverbot, das Jon nicht einhielt. Duri hörte zu und wunderte sich. Nicht so sehr darüber, dass Linard ihn beschützte. Denn das tat er immer. Sondern mehr, dass Jon das einfach zuliess.

Dessen ganze Aufmerksamkeit war von Duri weggezogen und hatte sich in einem sanften Nebel aufgelöst. Er war nicht mehr der böse Tyrann, den Duri vor einigen Minuten noch vor sich gesehen hatte. Er war nur noch ein alter, sterbender Mann. Schliesslich gelang es Linard geschickt, mit einigen einfühlsamen Worten Duri zum Gehen zu ermuntern. Sie verabschiedeten sich bei Jon und flohen aus dem Krankenzimmer.

Draussen atmeten beide auf. Linard seufzte: „Das war schon heftig. Ein merkwürdiger Mensch. Ist es wenigstens ein schönes Haus, das du erben wirst?"

Duri zuckte zusammen.

Chartreuse

„Oh ja. Es ist riesig und an einer sensationellen, begehrten Lage. Mein Vater ist schrecklich geizig, aber dieses Haus liebt er. Er hat sehr viel Geld in die Renovation gesteckt. So als…", er schwieg einen Augenblick, „als wäre es das Einzige, was ihm etwas bedeutet."

Duri sah plötzlich die Brücke vor sich. Liebte sein Vater das Haus so sehr, wie er jene Brücke in sein Herz geschlossen hatte?

„Wirst du dann dorthin ziehen?"

Duri überlegte und antwortete schliesslich: „Ich habe mir das früher manchmal ausgemalt. Aber ich werde es verkaufen oder vermieten. Mit dem Geld bin ich endlich frei. Kann die Arbeit im Archiv aufgeben."

„Ich dachte, du magst die Arbeit?"

„Ja, schon. Aber den ganzen Tag zu machen, was ich will, ist noch besser." Duri dachte wieder an die Brücke; aber er erzählte Linard nichts von ihr. Dieser blieb stehen und fragte schliesslich: „Und was sollte das mit deiner Mutter?"

„Keine Ahnung. Er ist auf Drogen. Er fantasiert."

„Er tut mir leid."

„Mir nicht. Er ist für sein Leben und sein Tun selbst verantwortlich."

Duris Blick erfasste das Ende des Spitalgangs. Er wollte nur noch hinaus aus diesem Kerker der Emotion.

Zu seiner Brücke.

Crème

DAS AZURBLAUE GEFÄNGNIS DER FREIHEIT

Sanft geschwungen hob sich das Brückengeländer von den düsteren Felsen ab. Der Inn säuselte in einem brodelnden, fremden Dialekt. Duri schloss die Augen, in der Hoffnung, hören zu können, ob die Brücke dem Fluss antwortete. Doch wie immer blieb ihm ihre Welt verschlossen. Nur ein verborgenes Sehnen, ein endloses Verlangen in der finsteren Nacht verweilte vor ihm.

Sie war schön. Ihre Stahlkonstruktion bohrte sich tief in sein Inneres. Die Dielen des Holzbodens vollendeten sein Streben. Doch ihr Wesen blieb ihm fremd.

Langsam packte Duri seine Malsachen aus. Die leisen Töne, die dabei entstanden, wurden zu anschwellenden Lawinen: Die Leinentasche, in der die Farben verstaut waren, knisterte wie ein Waldbrand. Die Klemmen der Staffelei erschütterten mit ihrem Klacken die sieben Weltmeere. Die Leinwand schlug auf die Halterung und löste dabei Erdbeben aus. Diese Klänge enthoben Duri der Welt und machten ihn gleichzeitig zu einem störenden Faktor in der Sphäre, die er suchte.

Er verharrte einen Moment, der zu Eis gefror und dann lautlos implodierte. Duris Blick glitt über die Brücke. Wie sie die Landschaft perfektionierte! Sie passte sich in die Umgebung ein, war nicht mehr wegzudenken und dennoch

Curry

kein Teil davon. Duri liebte diese Paradoxie, die die Brücke umgab. Das Stahlgerüst war schwungvoll und leicht, aber auch mächtig und stark. Es verband zwei Punkte und entfernte sie gleichzeitig voneinander. Die Brücke war Luft, Fels und Wasser und dennoch ein Fremdkörper in dieser Welt.

Duris Hand erhob sich wie von selbst. Dann malte sie. Er konzentrierte sich nur auf die Brücke. Er wurde ein Teil von ihr, verband sich mit ihrem Geländer, ihrem Bogen, ihrer Vollendung. Duri fühlte sich zuhause. Nur hier spürte er das zittrige Aufzucken von wahrem Glück. Er versuchte, die Brücke in ihrem ganzen Sein zu erfassen. Dennoch wusste er insgeheim, dass es ihm auch dieses Mal nicht gelingen würde. Er schaffte es nie, ihr so nahe zu kommen, wie er es sich wünschen würde.

Seine Gedanken flogen, angeregt vom Krankenhausbesuch, in seine Kindheit zurück. Duri drängte diese Erinnerungen weg. Er wollte nicht an seinen Vater denken, sondern nur für die Brücke da sein.

Zum ersten Mal war Duri hierhergekommen, als er etwa acht Jahre alt war. Er konnte sich noch entsinnen, dass er irgendeinen Blödsinn gemacht hatte und dann an den Inn hinuntergeflohen war. Eine innere Zerrissenheit hatte ihn damals getrieben. Er hatte sich auf die Brücke gesetzt, die Beine zwischen den Geländerstangen herabbaumeln lassen und den Fluss beobachtet. Eine tiefe Ruhe hatte ihn erfasst. Eine erste Verbundenheit mit der Brücke. Erst als es zu regnen begann, war er wieder nach Hause geeilt. An die weiteren Ereignisse jenes Tages konnte er sich nicht mehr erinnern. Vielleicht hatte seine Tante geschimpft. Obwohl sie das eigentlich nie getan hatte. Duri wusste, dass sie ihn geliebt hatte, aber oft gefordert war von seiner eigentümlichen Art. Sie hatte ihn nie bestraft, aber manchmal hatte sie laut geseufzt.

Er war sich bewusst, dass sie nicht glücklich gewesen war. Nicht wegen ihm, sondern aufgrund ihres Daseins. Sie hatte vielleicht etwas vom Leben erwartet, das es ihr nicht gegeben hatte. Hatte eine tiefe Sehnsucht in sich getragen, die sie weggesperrt hatte, statt sie fliegen zu lassen.

Wie war das bei seinem Vater? Wieso war dieser nicht glücklich geworden? Wieder verdrängte Duri seine Gedanken an Jon. Er wollte ihm nicht diesen Platz in seinem Inneren einräumen.

Stattdessen beschäftige sich Duri mit der Frage, welche Ziele Menschen als wichtig erachteten. Konnte man so etwas verallgemeinern? Er kannte einige Menschen, die nach etwas strebten, von dem sie nicht einmal wussten, ob es existierte. Erfolg, Ruhm, Reichtum waren nur leere Begriffe. Duri mochte keinen davon.

Manchmal erkundigte er sich bei den Leuten, was ihnen im Leben wichtig war. Die Antworten machten ihm deutlich, dass er von einer anderen Welt stammen musste.

Dattelbraun

Dann fragte sich Duri, ob er seine Frage selbst beantworten konnte. Er würde erläutern, dass ihm Freiheit wichtig sei. Die Befreiung aus unlogischen Normen, die das Leben strukturierten. Er reflektierte über die Gefangenschaft in Konventionen, die niemandem nützten und allen schadeten, und erträumte sich ein Leben jenseits dieser Regulierungen. Duri wusste, dass der Verkauf von Jons Haus ihm diese Freiheit ermöglichen würde. Er könnte dann die Arbeit im Archiv aufgeben und sich vermehrt der Malerei widmen. Mehr Zeit mit der Brücke verbringen. Aber vielleicht war es auch zu viel verlangt, dem Leben eine Wichtigkeit beizumessen? Möglicherweise war es tatsächlich einfach von Zufällen und Sinnlosigkeiten bestimmt. Was wiederum die Freiheit war, die er suchte.

Duri schaltete seine Gedanken aus und erwachte aus seinem künstlerischen Traum. Seine malende Hand verharrte und senkte sich dann. Die Verbindung mit der Brücke war vorbei. Der Maler starrte auf sein Bild. Es war wie immer: nicht so, dass es etwas in ihm auslöste. Die Brücke über den Inn war wunderschön, doch die Malerei konnte diese Vollendung nicht erfassen. Duri war nicht einmal enttäuscht, denn er hatte nichts anderes erwartet. Er seufzte, dann flog das Bild über das Geländer. Duri blickte ihm nicht nach. Er würde nie aus dieser Welt ausbrechen können, blieb wohl für ewig gefangen zwischen Zeitungsberichten und nervigen Verwandten. Zwischen den Zwängen der Gemeinschaft und dem Drang nach Freiheit.

Erinnerungen in Krapprot

Duri stapfte den schmalen Pfad zur Kirche hinauf. Vor dem Friedhofstürchen blieb er einen Augenblick lang stehen. Die Sonne leuchtete durch die Pforte und grüsste mit einem blendenden Strahl. Duris Hand fuhr zum Riegel und öffnete ihn. Das Törchen sprang auf und gab den Weg frei an einen Ort des Ruhens. Duri wusste, dass er dort als Lebender ein Fremdkörper sein würde. Dieser Ort gehörte den Toten, war ihre Wohnstatt. Dennoch schritt er langsam, mit gesenktem Kopf, um die Heiligkeit nicht zu stören, durch die Tür und liess damit die Welt des Alltags, der Routine, aber auch der Sorgen hinter sich. Duri betrat eine Welt, die ihn mit schneeweisser Vergänglichkeit bedeckte und ihn gleichzeitig in schillernd bunter Intensität zu sich rief. Es war ein Paradox, das er nicht lösen konnte. Trauer, Sehnsucht, Freude und Liebe hafteten diesem Ort an. Schwere Erinnerungen verwoben sich hier mit dem Licht eines hellblauen Augenpaars, mit dem sanften Streicheln einer von Altersflecken übersäten Hand. Tränen stiegen in Duri empor. Er kämpfte sie schweigend nieder, als er an den Urnennischen vorbeiging. Oben lagen die Erdbestatteten. Sie waren in Reihen wie Glieder einer Perlenkette angeordnet. Aber sie befanden sich nicht so eng beieinander wie auf anderen Friedhöfen. Hinter ihnen erhoben sich die Berge. Die steinernen Riesen bewachten nicht nur die Gräber, sondern auch die Menschen, die vor den Grabstätten weinten. Duri schritt durch die Reihen. Ein Windhauch zog an seiner Mütze und spielte mit seinen Haaren. Doch Duri liess sich nicht auf diese Neckerei ein. Seine Aufmerksamkeit galt einem schön bepflanzten Grab, das ein schmiedeeisernes Kreuz zierte.

Duri zupfte einige verdorrte Blumen weg, goss die Bepflanzung und setzte sich dann vor das Grab auf den Boden. Sein Blick folgte den kunstvollen und zugleich schlichten Schnörkeln des Grabkreuzes. Es wand sich in seinen Kopf, wurde dort zu rankenden Pflanzen des Gedenkens.

Er hörte ihr Lachen. Es war ein tiefes, gurgelndes Geräusch, das sich für immer in seine Brust gegraben hatte. Für ihn bedeutete es Geborgenheit und Vertrauen. Als er klein war, hatte die sehnige Hand ihm liebevoll über den Kopf gestrichen. Es hatte ihn beruhigt. Auf dem Totenbett hatten dieselben Finger, mager wie Skelettklauen, seine Hand gesucht und erst aufgehört zu zittern, als sie sie gefunden hatten.

Seine Tante war in dem kleinen Haus gestorben, in dem sie ihr ganzes Leben verbracht hatte. Duri hatte sie eigentlich in ein Krankenhaus bringen wollen. Nicht, weil er sie weghaben wollte, sondern weil er sich im Angesicht des heranschleichenden Todes völlig hilflos gefühlt hatte. Aber sie hatte sich strikt geweigert. In so einem weissen Raum, der nach Putzmitteln stinke, zu sterben, sowas könne man niemandem zumuten, hatte sie mit einer rauhen Stimme, die bereits nicht mehr Teil dieser Welt war, gesagt. Sie wolle zwischen Arventäfer dahinschwinden; sie wolle Teil des Waldes, Teil der Bäume, Teil der Berge werden. Sie hatte ihm den Schwur abgerungen, sie nach dem Tod daheim aufzubahren. In ihrem Bett mit dem Blick auf die Berge. Sie fühle sich an einem fremden Ort nicht wohl, hatte sie gesagt, sie wolle hier nicht weg, es sei denn auf den Friedhof. Duri hatte erwidert, dass sie doch gar nichts mehr fühle, wenn sie tot sei. Aber das hatte seine Tante nicht gelten lassen. Woher er denn das wisse, hatte sie gefragt. Als Duri mit den Schultern gezuckt hatte, hatte sie betont, dass sie dieses Risiko nicht eingehen wolle. Sie wolle daheim aufgebahrt werden, wo es ihr wohl sei. Darüber gebe es nichts zu diskutieren.

Duri lächelte bei dieser Erinnerung. Es wäre ihm nie in den Sinn gekommen, sein Wort zu brechen. Ein heiliger Eid. Eine Nachbarin aus dem Dorf, eine ehemalige Krankenschwester, hatte die Leiche gewaschen, dann hatten sie sie, in ihr Sonntagsgewand gekleidet, aufgebahrt. Die Leute waren sie besuchen gekommen, hatten ihn getröstet, ihm kleine Geschenke gebracht. Schliesslich hatte man den Leichnam eingesargt und auf den Friedhof getragen. Wie früher war aus fast jedem Haushalt jemand beim Bestattungsgottesdienst erschienen. Die Pfarrerin war eine feinfühlige Frau, die verstanden hatte, dass eine etwas anachronistische Feier genau das war, was in diesem Fall angemessen war. Als Predigttext hatte sie Kohelet 3,1–14 gewählt; es war die Lieblingsbibelstelle von Duris Tante gewesen.

Alles hat seine Zeit.

Nun lag die alte Dame hier inmitten ihrer Verwandten. Mit ihrem Körper war auch die gesellige Heiterkeit aus dem Haus getragen worden. Duri hatte sich nach der Bestattung unendlich einsam gefühlt. Es war, wie wenn ein Teil seines Lebens und seines Herzens auf dem Kirchenhügel vergraben war. Er hatte sich zwar mit der Zeit an dieses Gefühl gewöhnt, aber er vermisste seine Tante immer noch unendlich. Deshalb besuchte er sie jede Woche. Er erzählte dem schmiedeeisernen Grabkreuz manchmal, was ihn beschäftigte; bisweilen sass er aber auch einfach schweigend da, betrachtete die Blumen, die Berge und las den Namen „Cäcilia Sidonia". Es war eine fremd anmutende Inschrift, da alle sie „Cilgia" genannt hatten.

Zwei Schwestern waren es gewesen: Cäcilia Sidonia und Maria Chatrina. Cilgia war zehn Jahre älter gewesen als Duris Mutter, sie war immer die Vernünftige gewesen, die Rationale. Nur manchmal hatte Duri auch die verträumte Seite seiner Tante erlebt. Er konnte sich erinnern, wie sie im Garten zu unhörbarer Musik getanzt hatte. Dafür hatte sie sich die um den Kopf geschlungenen Zöpfe geöffnet. Dann war ihre tief verborgene Sehnsucht wahrnehmbar geworden. Ein Sehnen nach etwas jenseits dessen, was man Realität nennt. Duri musste daran denken, dass sie für die wilden Leute jeden Freitag eine Schüssel Milchwasser an den Waldrand gestellt hatte. Einmal hatte er sie gefragt, ob sie wirklich an das wilde Volk glaube. Sie hatte mild gelächelt. Wenn man das wilde Volk so einfach besänftigen könne, müsse man nicht zögern, es zu tun, hatte sie zu sagen gepflegt. Duri hatte die Sitte der Milchgabe übernommen. Er war sich bewusst, dass es eine irrationale Handlung war. Aber er tat es nicht für das wilde Volk, sondern für seine Tante.

Nach Cilgias Tod hatte er ihr Tagebuch gefunden. Es war in einer zarten, verschnörkelten Schrift verfasst und voller poetischer Imaginationen, die sie aber vor der Aussenwelt aufs Beste versteckt hatte. Duri bedauerte es, dass er von dieser wehmütigen Seite nicht früher gewusst hatte. Er hätte gerne zu Lebzeiten mit seiner Tante Wege in andere Welten gesucht. Aber sie hätte es wohl nicht zugelassen, aus Angst, dass er als viel zu verträumtes Kind noch mehr schweigend auf einem Baum sitzen würde, statt mit den Spielgefährten zu raufen. Also hatten sie solche Gespräche bis nach ihrem Tod aufgeschoben. Nun tauschte Duri seine Gedanken hier am Grab mit ihr aus. Er erzählte ihr von seinen Sehnsüchten und seiner Brücke. Er wusste, dass seine Tante ihn verstand und immer verstehen würde. Denn sie war hellblau wie ein Maimorgen.

Eisblau

Duri beobachtete, wie die Grabbepflanzung im Wind zu tanzen begann. Sie weckte die Frage nach seiner Mutter in ihm, denn es hiess, dass sie Blumen geliebt habe.

Wer war sie gewesen? Duri hatte keine Erinnerung an seine Mutter. Er kannte sie nur von Photographien her. Es waren Bilder, die er gerne anschaute. Chatrina war darauf hager und gross. Helle Haare, die sich nicht richtig zähmen liessen, umrahmten ihr schmales Gesicht. Chatrina erschien weniger ernst als ihre Schwester, auch kämpferischer. Aber sonst hätten sie viel gemeinsam gehabt, hatte die Tante immer erklärt und dann ausgeführt, was sie meinte: eine Art der Sturheit oder Beharrlichkeit, die Eiswinden und Lawinen trotzen konnte. Dazu eine Weltsicht, die neugierig war und dennoch nicht bedrängend.

Duri glaubte ihr das. Aber trotzdem erzählten die Bilder, die er von seiner Mutter kannte, eine eigene Geschichte. In den hellen Augen der Frau lag eine tiefe Traurigkeit, der nichts genügen konnte. Sie schien etwas zu suchen, das sie nicht fand, schien tief im Herzen eine unendliche Unruhe zu bergen.

Cilgia hatte gerne von Chatrina berichtet: Wie sich Chatrina zum Beispiel im Alter von fünf Jahren eines Sonntags nach dem Gottesdienst, ohne jemandem etwas zu sagen, zu Fuss ins Nachbardorf aufgemacht hatte. Als man sie gesucht und sie schliesslich dort unter einer Tanne sitzend gefunden hatte, hatte es – und da betonte Cilgia immer,

wie fortschrittlich ihre Eltern gewesen waren – keine Ohr-
feige gegeben, sondern die Frage, wieso sie denn einfach
abgehauen sei. Darauf hatte Chatrina erwidert, der Pfarrer
habe doch gesagt, dass die Welt untergehen würde, und
da habe sie gedacht, wenn dem so sei, wolle sie lieber ins
Nachbardorf gehen. Denn sie selbst wolle nicht mit der
Welt untergehen. Cilgia hatte bei dieser Erzählung jeweils
herzlich gelacht und sie als Beispiel genommen, wie klein
ihre „Welt" damals doch war. Das Nachbardorf hatte bereits nicht mehr dazu gehört.

Dann berichtete sie von Zicklein, die sie aufgezogen hatten,
von Chatrinas roter Katze, die sie überall hin mitgenommen hatte, auch in die Schule, und von den Heuschlachten

Erdbeer

beim Zetten, wo es darum gegangen war, möglichst viel zu wendendes Gras über die andere zu kippen. Es klang nach einer fröhlichen, unbeschwerten Kindheit, aber Duri kannte die rauhen, arbeitsgewohnten Hände seiner Tante. Er wusste, dass die beiden Mädchen von klein auf auf dem Hof mitgeholfen hatten und dass Cilgia ihre Schwester jede freie Minute hatte hüten müssen.

Cilgia hatte nie geheiratet. Wenn Duri sie darüber ausgefragt hatte, hatte sie stets gesagt, dass das überflüssig sei. Sie habe ja ihn, und das sei ihr tausendmal lieber als alle noch so „gschaffigen" Männer der Welt. Aber er wusste, dass sie einerseits aufgrund des Sorgens für die kleine Schwester ihr Pensum an Kleinkindern bereits durchlebt hatte. Andererseits hatte ihr Stolz ihr verboten, sich einem Mann zu unterstellen. Damals hatte eine Ehe zwar sozialen Komfort bedeutet, aber auch eine Art Knechtschaft für die Frau. Cilgia hätte sich nie freiwillig jemandem untergeordnet.

Wieder rannen Duri bei diesen Erinnerungen Tränen über die Wangen. Er vermisste sie. Ihre ruhenden Augen, ihre sehnigen Hände, ihren Mut und Stolz. Einige wenige Worte von ihr hatten es immer geschafft, in ihm Distanz zu seinen Sorgen zu erzeugen.

Langsam wischte sich Duri die Tränen ab und stand auf. Seine Beine fühlten sich klamm und kalt an. Der Wind und der kühle Boden hatten sich in sie hineingefressen. Einen

Augenblick blieb er bewegungslos vor dem Grab stehen, dann verabschiedete er sich und ging zurück in die Welt der Lebenden. Irgendwann würde auch er hier liegen.

NACHTSCHWARZES KATZENKRAULEN

Duri starrte auf den Bildschirm. Wenn er es gekonnt hätte, hätte er das E-Mail gegen das Licht gehalten, um eine versteckte Botschaft oder zumindest ein Wasserzeichen zu entdecken. Aber das ging mit virtuellen Kommunikationsformen nicht. Sie blieben in ihrem Sein und Wesen zweidimensional und binär.

Duri mochte keine digitalen Denkweisen. Er war ein analog-reflektierender Mensch. Deshalb suchte er in allem nach einem verborgenen Sinn, einer geheimen Mitte, einem Dritten. Doch hier gab es nichts davon. Die Botschaft war zu klar, zu schrill in ihrer Direktheit: „Hoi Duri. Jon ist gestern Nacht gestorben. Wir treffen uns heute, um seine Bestattung zu planen. Wenn du Zeit hast, kannst du ja auch kommen. Um 13h in seinem Haus. Grüsse Jessica."

Duri blickte auf die Uhr. Es war bereits Viertel nach eins. Jessica hatte die Nachricht um 12:45h losgeschickt. Eine scharlachrote Wut kroch in ihm hoch. Die anderen wussten, dass Duri über drei Stunden von Jons Haus weg wohnte. Sie hätten auch in der Nacht anrufen können. Oder früh am Morgen. Aber es war offensichtlich, dass man ihn nicht bei dieser Planung dabei haben wollte. Jon war sein Vater gewesen, aber irgendwie auch nicht. Nur weshalb schrieb ihm Jessica? Das war genauso verwunderlich wie Lucas Anruf.

Petra und Jon waren seit Jahren nicht mehr zusammen. Duri wusste von Jon, dass sie nahezu keinen Kontakt mehr gehabt hatten.

Angewidert schob er all seine Gedanken daran weg. Jetzt galt seine Aufmerksamkeit zunächst den Zeitungsberichten vor sich. Alles andere wurde verschluckt von den Wänden, in die er hier eingemauert war.

Duri arbeitete an diesem Tag besonders konzentriert bis halb zehn Uhr abends. Dann verliess er den Kellerraum und ging in den alten Dorfteil. Doch dieses Mal war nicht die Brücke sein Ziel, sondern Linards Haus. Duri stapfte den abfallenden Weg hinunter. Er passierte die Hauptstrasse, ging weiter Richtung Tal. Dort bog er um zwei Häuserreihen, betrachtete im Licht der anbrechenden Nacht die Petunien vor den Fenstern. Sie flochten sich in die Dunkelheit und verschmolzen mit ihr in Dunkelrot, Dunkelviolett, Dunkelweiss. An der nächsten Strasse waren es Geranien, die ihre zarten Blüten der Nacht entgegenstreckten. Dann kurz vor dem Dorfplatz wuchsen die mächtigen Mauern von Linards altem Haus aus dem Boden. Trotz ihrer Stämmigkeit schienen sie etwas zu schwanken, als sich Duri ihnen näherte. Doch wenn er verharrte, standen auch sie still. Duri war sich bewusst, dass das Haus eigentlich aus Holz erbaut war. Eine Mantelummauerung verbarg diesen Holzkern. Die halbrunde Haustür bildete in diesem falschen Mauerwerk einen dunklen Schlund, der ein Portal zur Hölle oder zum Paradies sein konnte. Linard wohnte jedoch nicht im Hauptteil, sondern gegen Süden, im alten Stall. Das grosse halbrunde Tor blieb deshalb von Duri ungenutzt. Er ging ums Haus herum zum Seiteneingang. Dort war es eine verwitterte, schmale Holztür, die zum Eintreten einlud. Duri klopfte. Da niemand reagierte, öffnete er die Pforte und rief ein „Hallo" in den schwarzen Raum dahinter. Zuerst geschah nichts, dann erklang irgendwo von weither Linards tiefe Stimme: „Ich komme gleich. Aber du weisst ja, wo alles ist."

Duri tastete sich im Halbdunkeln zu einem Lichtschalter vor, fand ihn und zog dann seine Schuhe aus. Kaum war er damit fertig, kam Linard auf ihn zu. Seine langen Haare waren ungekämmt. Wieder glich er einem wilden Mann aus den bergigen Wäldern.

„Duri, was ist denn los?", fragte Linard sanft.

„Hast du Zeit?"

„Für dich immer. Komm rein in die Stube."

Duri folgte dem Hünen in sein chaotisches Wohnzimmer, das von vier grossen Katzen in Besitz genommen war. Linard nahm die erste, die er packen konnte, einen schwarzen Kater, und trug ihn herum, während er dem Maler etwas zum Trinken anbot. Duri beobachtete seinen Freund, wie er, die Katze auf den Schultern balancierend, mit der einen Hand Gläser jonglierte und mit der anderen Wasser eingoss. In Linards Gesicht lag ein ungewöhnlich weicher

Ausdruck, der mit dem Schwarz seiner Augen kontrastierte. Er sah aus wie ein Mensch, den nichts erschüttern konnte, der über allem stand und doch ein Teil der Erde war. Duri hätte sofort geglaubt, wenn ihm jemand gesagt hätte, dass Linard mit einem Fingerschnipsen einen Baum wachsen lassen konnte. Einer des wilden Volkes eben.

Linard reichte dem Maler ein Glas. Langsam griff Duris Hand danach. Ihre Finger berührten sich. Linard lächelte leicht. Duri zog das Glas zu sich und führte es vors Gesicht. Dann aber wartete er mit dem Trinken, bis es sich sein Freund auf einer alten Stabelle mit nun bereits zwei Katzen auf den Schultern gemütlich gemacht hatte. Linards Hände fuhren abwechselnd durch schwarzes und vierfarbiges Fell, dann hob er die Augen und fixierte den Freund. „Was ist denn los?"

Duri nahm einen Schluck Wasser, bevor er leise erklärte: „Jon ist gestorben."

Linards Augen wechselten ihre Farbe zu Mitgefühl.

„Oh, mein herzliches Beileid."

„Die anderen haben mir, kurz bevor ich aus dem Archiv ging, noch geschrieben. Sie haben beschlossen, ihn diese Woche zu kremieren. Die Urnenbestattung ist dann am Donnerstag. Nächste Woche."

„Wer sind die anderen?"

„Geschrieben hat mir Jessica. Sie ist die Tochter von Petra, der Exfreundin von Jon."

Flieder

„Der Exfreundin?"

„Ja, sie waren etwa sechs oder sieben Jahre zusammen, dann hat sie ihn verlassen. Das war vor mehr als zehn Jahren. Seither hatten sie, soviel ich weiss, keinen Kontakt mehr."

„Und wieso organisieren die die Bestattung? Bist nicht du der einzige Verwandte?"

„Nein, es gibt noch Gieri, den Bruder von Jon. Gieri und mein Vater hatten Kontakt, wenn auch nicht den besten. Sie lagen in endlosem Streit miteinander, immer über Nichtigkeiten, die ich nicht verstanden habe."

„Hm."

Duri betrachtete Linard lange, dann nickte er. „Ja, das ist alles ziemlich merkwürdig."

Der Freund schwieg diplomatisch, bis Duri schliesslich bat: „Könntest du mich zur Bestattung begleiten?"

Linards Finger kraulten das Fell der vierfarbigen Katze und vermischten das Weiss mit dem Schwarz, Rot und Braun. „Ja, das mache ich gerne."

Duri suchte Linards Augen. Einen Augenblick spürte er dessen warme, erdige Zuneigung. Dann senkte Linard den Blick, was ungewohnt war. Duri versuchte zu lächeln, aber es gelang ihm nicht. Er war zu verwirrt. Wegen Jon, aber auch wegen Linard. Was ging in dem Hünen mit den Katzen vor? War ihm diese Bitte unangenehm? Oder hatte ihn eine Erinnerung in sich gezogen?

Fuchsia

Sie hingen beide ihren Gedanken nach, bis Linard plötzlich in seinem Katzenkraulen verharrte. „Erzähl mir von deinem Vater."

Duri verdrehte die Augen: „Da gibt's nichts zu erzählen. Er war kein guter Mensch. Er hat alle vertrieben, denen er etwas bedeutete. Damit hat es sich auch schon. Mehr gibt es einfach nicht zu sagen."

Linard schwieg und suchte nun seinerseits Duris Gesicht nach einem Fünkchen Trauer ab. Er fand es nicht, deshalb fragte er, mehr an die Katze als an seinen Freund gewandt: „Was ist deine erste Erinnerung an ihn?"

Duri antwortete völlig emotionslos: „Ich war ein einziges Mal bei ihm in den Ferien. Als ich sechs oder sieben war. Er hat mich geschlagen, weil ich irgendeinen Blödsinn gemacht hatte. Nachher musste ich nie mehr zu ihm in den Urlaub. Meine Tante hat es zum Glück nicht mehr zugelassen, dass er näheren Kontakt zu mir hatte. Jon rächte sich, indem er mir nie etwas schenkte und mich immer beschimpfte, wenn er mich einmal sah. Es war nicht angenehm, aber es war auch nicht so schlimm. Denn er war mir egal."

„Tut mir leid", sagte der Hüne mit hörbarem Mitgefühl. Dann stand er auf, nahm sich die schwarze Katze von der Schulter und platzierte sie sanft auf Duris Schoss. „Hier, nimm den Etzel. Eine Katze zu kuscheln hilft gegen alle Sorgen."

Duri musste lachen, begann aber dann gehorsam und zögerlich, dem Kater übers Fell zu streichen. Es half nicht, weil es nicht helfen musste. Aber er hatte Linards Geste dennoch verstanden und schätzte sie. Obwohl ihm Katzen zu haarig waren.

Violette Gewitterwolken

Die Tage bis zur Bestattung hinkten dahin. Duri versuchte, seinen gewohnten Trott zu gehen. Aber tief in seinem Inneren brodelten Vulkane. Er arbeitete, seine Hände sortierten Zeitungsberichte, scannten sie, archivierten sie. Aber gleichzeitig bebten sie bei jeder Bewegung. Duri ging einkaufen, redete mit Gina, der Verkäuferin im kleinen Dorfladen, über das Wetter, lächelte. Doch in seinem Herzen türmten sich Gewitterwolken. Nicht einmal Linards tiefe Stimme konnte den Sturm beruhigen. Egal, was Duri tat, ein Gedanke war in diesen Tagen sein ständiger Begleiter: Jon war tot.

Was bedeutete das? Dass Duri den zusammengekniffenen Blick nie mehr sehen würde? Dass er sich keine Vorwürfe mehr anhören musste? Dass er nun reich war?

Duri war sich nicht sicher, ob er sich über Jons Tod freuen oder ob er weinen sollte. Er hatte sich in langen Nächten bisweilen vorgestellt, wie es wäre, wenn sein Vater sterben würde. Manchmal hatte er es sich sogar gewünscht, war dann aber bei solchen Gedanken vor sich selbst zurückgeschreckt. Er wollte den Tod seines Vaters nicht. Aber er wollte auch diese Vorwürfe nicht mehr hören, diese Blicke nicht mehr sehen müssen. Er…

Duri schüttelte seine Gedanken ab. Jon war tot. Niemand konnte etwas daran ändern. Vielleicht hatte Duri alles falsch gemacht; möglicherweise hätte er sich mehr um

seinen Vater kümmern sollen. Doch jetzt war es zu spät. Es brachte nichts, sich zu hintersinnen. Nun lag die Zukunft vor ihm. Duri würde ein Haus an bester Lage in Stadtnähe erben. Dorthin ziehen wollte er nicht. Die Brücke so weit weg zu wissen, wäre für ihn zu grausam. Also war der Verkauf des Hauses bereits beschlossene Sache. Eine solche Veräusserung würde ihm eine finanzielle Freiheit ermöglichen, die er sich bisher kaum zu erträumen wagte. Duri könnte die Arbeit im Archiv reduzieren, sich vermehrt der Malerei hingeben. Vielleicht ein kleines Atelier mieten, eine Ausstellung organisieren.

Doch sogleich überkamen ihn Zweifel. Durfte er überhaupt auf Kosten seines verstorbenen Vaters leben? War es unmoralisch, dieses Geld anzunehmen? Von jemandem, den er nicht geliebt hatte? Oder war das die ausgleichende Gerechtigkeit, von der seine Tante manchmal mit einem ironischen Lächeln gesprochen hatte?

Duri versuchte rational zu denken: Es war nur Geld. Sein Vater war tot; das Vermögen nützte Jon nun nichts mehr. Jon musste sich nun um die Probleme einer anderen Welt kümmern. Oder um gar keine mehr.

Dennoch fürchtete sich Duri vor der Bestattung. Würde sie ihn emotional berühren? Würde er zittern? Oder würde er vielleicht – was ihn noch mehr erschreckte – kühl und unberührt bleiben? Musste er etwa eine Rede halten für diesen Menschen, zu dem er ein so zwiespältiges Verhältnis hatte? Doch selbst, wenn er das umgehen konnte: Was würde in ihm hochkommen, wenn man eine Biographie des Vaters verlas? Was, wenn man ihm kondolierte? Würde er weinen oder lachen? Konnte er überhaupt etwas für diesen Mann fühlen?

Eine Bestattung in Cadmiumgelb

Duri war schon bei verschiedenen Bestattungen gewesen. Allerdings hatte sich nur eine davon in sein Herz gebrannt: die seiner Tante. Die Sonne hatte den Tag erhellt und versucht, die Leute aufzumuntern. Doch ohne Erfolg. Bis in die Herzen hatten ihre Strahlen nicht gereicht.

Nun schlurfte Duri an Linards Seite in einen Aufbahrungsraum neben einer ausladenden Kirche, die sich aus Betonelementen zusammengefügt in den Himmel reckte. Es war ein emotional zu kühler Ort für eine Abdankung. Die Kapelle war abweisend und kahl. In ihrer Mitte stand die Urne auf einem Katafalk. Irgendjemand hatte einen Blumenkranz davor abgelegt, aber sonst wirkte das Gefäss verloren und alleine. Duri fragte sich, wer in dieser Welt wohl bereit war, Geld für Jon auszugeben.

Langsam versammelten sich die Gäste um die Urne. Sie kamen in Alltagskleidung. Duri war der Einzige, der seine alte schwarze Krawatte aus dem hintersten Winkel einer von Holzwürmern traktierten Schublade hervorgekramt hatte und sie nun etwas verschämt trug. Aber er konnte sich nicht vorstellen, sie für eine Bestattung nicht umzubinden. Er hätte alles andere als respektlos empfunden, sogar gegenüber so jemandem wie seinem Vater.

Duri konnte weit vorne Petra erkennen. Neben ihr standen Gieri und dessen Frau, Tante Britta. Gieri war vom

Charakter her ein schleimig-hellgrüner Mensch; Tante Britta dagegen war fad-braun. Sie war die Kolorierung, die zurückblieb, wenn man auf der Palette im Zuge der Malarbeiten alle Farben vermischt hatte. Daneben konnte Duri auch Jessica stehen sehen. Der Mann neben ihr, sie umarmend, musste Luca sein. Der Rest der Anwesenden war ihm unbekannt.

Duri zog angewidert den gewöhnungsbedürftigen Geruch, der sich im Raum ausgebreitet hatte – es war eine Mischung aus Duftkerzen und Sehnsucht – in die Nase. Sein Blick wanderte über die kahlen Betonwände des Aufbahrungsraums, die sich mit ihrer weiss-gräulichen Farbe in Duris Gehirn hämmerten. Nur ein lila-farbenes Kreuz aus Filz und Holz unterbrach die sterile Umarmung dieser Mauern. Wie konnte man nur denken und sein, wie trauern und lieben in einem so emotionslosen Raum?

Eine Pfarrerin trat nach vorne. Ihr preussischer Talar raschelte in leisem Schwarz. Sie begrüsste die Anwesenden, sprach ein Eingangswort, rief zum Gebet und widmete sich dann der Lesung des Lebenslaufs. Geburt und Jugend wurden mit zwei Worten abgehandelt. Dann wurde Jons Bruder erwähnt. Schliesslich kam sie zum Erwachsenenleben: „Jon arbeitete als Ingenieur bei der CRUNZ AG. Dort lernte er auch seine zukünftige Frau, Chatrina, kennen. Doch bereits kurz nach der Heirat kam der erste Schicksalsschlag für Jon: Seine geliebte Frau ging fremd und verliess ihn. Jon war am Boden zerstört. Doch zum Glück war er eine Kämpfernatur. Er willigte in die Scheidung ein. Völlig selbstlos, nur um Chatrina glücklich zu machen. Er trauerte ihr in aller Stille nach. In dieser Zeit verlor er auch seine Stelle und verzweifelte oft. Doch er liess sich nicht unterkriegen, fand eine neue Arbeit bei Brager & Sohn und lernte schliesslich Petra, seine jetzige Witwe, kennen. Sie brachte eine Tochter aus erster Ehe mit, Jessica, die Jon wie ein eigenes Kind – selbst hatte er ja keine – liebte und als fürsorglicher Vater aufzog. In seiner raren Freizeit spielte er Golf und reiste gerne. Diesen guten und engagierten Mann, Stiefvater, Bruder und Freund zu verlieren, ist für alle schmerzvoll. Doch der Tod ist nicht das Ende."

Duri schaltete ab. Das konnte doch nicht wahr sein! Was für einen Quatsch erzählte diese Pfarrerin? Duri wurde auf einen Schlag klar, weshalb ihn Jessica nicht bei der Planung der Bestattung hatte dabei haben wollen: Sie hatten ihn aus Jons Leben gestrichen. So als würde er nicht existieren. Ein grausames Gefühl kroch Duri schneckenartig über den Rücken und liess ihn erbeben. Er konnte diese Emotion nicht erklären, nur mit Metaphern beschreiben. Es war, wie wenn er gleichzeitig neckisch hochgenommen und vor allen Anwesenden verprügelt würde. Ein Blossstellen vor der ganzen Welt.

Linard musste dieses Zittern bemerkt haben. Er zögerte nur kurz, dann legte er beschützend den Arm um Duris Schultern. Das tat tatsächlich gut; der Arm glich einer Stadtmauer, die Linard um seinen Freund herum aufbaute. Eine mit Pechschnäbeln und Schussscharten. Sie sollten nur kommen, diese elenden Lügner! Zusammen würden Duri und Linard allem standhalten können. Der Maler ballte die Fäuste.

Nach der Feier gab es einen Leichenapéro. Doch Duri zog es nach Hause. Er wollte nicht weiter unter diesen Heuchlern und Falschspielerinnen weilen. Linard war einverstanden. Er ging ganz in seiner Rolle als Duris Seelenbeschützer auf, schirmte den Freund von jeglichem sozialen Kontakt

Hellgelb

ab und beeilte sich, mit ihm schnellstmöglich zum Auto zu kommen. Dort angelangt atmeten beide erleichtert auf.

Der anspringende Motor erlöste sie ganz. Linard, der normalerweise beherrscht und pflichtbewusst Auto fuhr, gab ungewohnt zügig Gas. Sie schwiegen. Erst als sie sich auf die Autobahn einfädelten, brach der Hüne die Stille: „Das war jetzt wirklich merkwürdig. Wieso hat die Pfarrerin von Petra als Witwe gesprochen?"

„Weil alles an diesem Lebenslauf falsch war. Meine Mutter ist nicht fremdgegangen. Und mich hat die Pfarrerin auch nicht erwähnt. Sie hat behauptet, mein Vater habe keine eigenen Kinder gehabt."

„Das ist dermassen skurril, da werde ich ganz wirr dabei." Wieder hing jeder seinen Gedanken nach, bis Linard plötzlich bemerkte: „Ich habe Angst vor der Macht der Worte."

„Wie meinst du das?"

„Worte werden wahr, wenn man sie nur oft genug wiederholt. Und dann kann man ihnen nichts mehr entgegensetzen."

Duris Augen glitten zum Horizont, den man als fein gestrichelte, dunstige Linie wahrnehmen konnte. Was, wenn Linard recht hatte? Was konnte man Worten entgegensetzen?

Eine fahlblaue Frage

Duri erlebte eine unruhige Nacht. Immer wieder flammten Linards Worte in seinen Erinnerungen auf. Sie verflossen mit dem Nachthimmel und woben sich um die Holzaugen, die seine Zimmerdecke mit sternengleichem Muster besprenkelten. Was konnte man Worten entgegensetzen?

Von diesem Gedanken gepeinigt, wachte Duri am Morgen viel zu früh auf. Er versuchte, sich wieder in seinem Kissen zu vergraben. Dessen Weichheit konnte seine innere Unruhe jedoch nicht auffangen. Linards Frage liess ihm keine Ruhe. Vielleicht gab es tatsächlich keine Macht, die gegen Worte half?

Duri stand auf, wusch sich, kleidete sich an und versuchte dann, etwas zu frühstücken. Doch seine Kehle war wie zugeschnürt. Er brachte keinen Bissen hinunter und trank nur lustlos eine Tasse Kaffee. Dann sprang er auf und pilgerte von Stube zu Küche und wieder zurück. Nachdem er diese Tour einige Male hinter sich gebracht hatte, beschloss er, dass er mit jemandem reden musste. Bloss mit wem? Es war noch zu früh, um bei Linard zu klopfen, aber zu spät, um die Brücke zu besuchen. Denn die Sonne streckte bereits ihre ersten Strahlen aus und begann die Bergspitzen zu vergolden. Also blieb nur noch eine Person.

Duri schlüpfte kurzentschlossen in seine Stiefel, schnappte sich seine Jacke und Mütze und ging hinaus in die Kälte

des Morgens. Der Wind blies ihm ins Gesicht, als er den steilen Pfad zu der Kirche auf dem Hügel hinaufstapfte. Die Luft roch frisch und ungestüm. Sie stiess alte Sitten um und fegte über Traditionen hinweg. Duri senkte den Kopf, um dem Wind auszuweichen und wenigstens ein wenig von dem, was ihm etwas bedeutete, vor dem Sturm retten zu können. Dann öffnete er langsam das Törchen zum Friedhof.

Er schlängelte sich durch die Gräberreihen, bis er schliesslich vor Cilgias Kreuz stand. Es reckte sich unbeirrt auch in der kalten Brise in die Höhe. Duris Blick folgte jeder Ranke und jedem Bogen am schmiedeeisernen Kreuz, dann setzte sich der Maler in die Kälte neben die letzte Ruhestätte, legte seine Hand auf die Grabumrandung und begann Cilgia alles zu erzählen, was geschehen war. Sie hörte zu, widmete ihm alle Zeit der Welt. Duri warf seine Selbstkontrolle ab, er weinte während der Erzählung, regte sich auf, klagte an, verzweifelte. Dann fasste er sich wieder und stellte Cilgia die Frage, die ihn quälte. Das Grab schwieg. Duri verstummte ebenfalls; seine Gedanken hingen mit den Nebeln in den Tannen.

Vermutlich gab es keine Antwort auf diese Frage. Denn wenn es eine gegeben hätte, dann hätte sie sich in Worten geäussert. Womit lediglich die Frage neu gestellt worden wäre: Sobald man Worten andere Worte entgegensetzte, endete es in einem Machtkampf. Wobei immer Worte siegten, was wiederum Linards Aussage recht geben würde. Es gab kein Entrinnen.

Am Anfang und am Ende war das Wort.

Duri erhob sich langsam. Seine Beine fühlten sich eisig und steif an. Er bewegte sie, um die Kälte zu vertreiben und in die Welt der Lebenden zurückzukehren.

Dann dankte er seiner Tante für das Gespräch, strich ein letztes Mal zärtlich über ihren Namen auf dem Grabkreuz und ging mit klammen Gliedern zum Törchen zurück. Er würde Jon vergessen und dessen Bekannte ignorieren. Weder Petra noch Jessica hatten etwas mit dem Erbe zu tun. Er musste sie nie wieder sehen. Und zu Gieri, seinem schleimig-grünen Onkel, würde er auf Distanz gehen. Eine andere Möglichkeit sah er im Augenblick nicht.

Indigo

SCHWARZE ABGRÜNDE

Zwei Wochen später polterte ein entrüsteter Duri mit hochrotem Kopf an Linards Eingangstüre. Der Hüne öffnete verwundert und erwartete aufgrund des harten Klopfens eine Lawine, nicht seinen Freund. Duri stürmte ins Wohnzimmer, wobei er unterwegs seine Schuhe mehr abwarf als auszog. In der Linken fuchtelte er mit einem Papier.

Linard folgte ihm überrascht. Als die Katzen panikartig den Raum verliessen, fragte der Hüne: „Was ist denn los?"

„Ich… die… es…", und dann schrie Duri einfach. Er liess alles heraus, was sich in den letzten Wochen angestaut hatte. Danach brach er schluchzend zusammen.

Als sich Duri schliesslich etwas erholt hatte, wagte Linard nachzufragen: „Also, was ist passiert?"

Duri setzte sich auf. In seinen Augen tauchten wütende Flammen auf. Sie züngelten und wurden zu einem Strom aus Lava. Dann knallte er seinem Freund schweigend das Papier hin, das er noch immer in der Hand hielt und das schon ziemlich zerknüllt war.

„Rechnung Apéro", las Linard laut. Datum und Ort folgten, bevor Linard begriff. Er blickte mit zusammengekniffenen Augen auf.

„Das ist die Rechnung für den Leichenapéro von Jon. Wie kommst du dazu?"

Iris

Plötzlich war Duri ruhig wie Lots Frau als Salzsäule: „Genau. Wie komme ich dazu? Das habe ich Jessica auch gefragt."

Er schwieg. Als Linard die weisse Stille nicht mehr aushielt, fragte er: „Du hast sie angerufen? Du hasst doch Telefonate?"

„Ich hatte das heute in der Post, und ja, ich habe Jessica angerufen und sie gefragt, was das soll. Und weisst du, was sie geantwortet hat?"

„Nein?"

„Dass ich sein nächster Verwandter sei und gefälligst wenigstens nach seinem Tod etwas für ihn tun könne. Ich hätte ihn ja schon sein ganzes Leben lang im Stich gelassen. Und dann hat sie mich fünf Minuten mit Vorwürfen überhäuft, wie gemein ich zu Jon gewesen sei."

Er war nahe daran, wieder loszuschreien, doch Linard konnte mit seiner erdigen Stimme die Wut aus Duris Gesicht blasen: „Ich verstehe. Sie planen die Bestattung, erwähnen dich nicht, aber zum Zahlen bist du dann gut genug. Was sind das für Leute?"

„Das Schlimmste ist, dass sie denken, sie seien im Recht. Ich bin für sie der Böse."

„Inwiefern?"

„Sie sind davon überzeugt, dass ich meinen Vater im Stich gelassen hätte. Dass ich nie für ihn dagewesen sei. Aber was wissen sie denn von mir? Was wissen sie von der ganzen

Situation? Sie urteilen, ohne zu fragen. Und bestimmen, ohne zu wissen."

Linard streichelte Duri besänftigend. „Was machst du jetzt?"

Duri atmet durch. „Nichts. Einfach nichts. Und ich weigere mich, diese Rechnung zu begleichen. Ich habe den Apéro nicht in Auftrag gegeben. Man kann nicht einfach auf den Namen von jemand anderem etwas bestellen."

Linard nickte schweigend. Er hatte mit seiner Frage auf etwas anderes hingezielt, denn er wusste, dass es nicht die Rechnung war, die seinen Freund so aufregte. Aber Duri hatte seine Frage dennoch beantwortet. Implizit.

Feuersalamanderfarbener Krieg

Dieses Mal fuhr Duri ohne Linard die über dreistündige Strecke. Er steuerte sein Automobil zwar äusserlich gefasst, aber in ihm brodelte es. Er fühlte sich in einem sich um ihn kreisenden Paradox gefangen. Seine Gedanken liessen ihn nicht mehr schlafen, die Schreckensbilder gaben ihm keine Ruhe.

Was, wenn sie recht hatten? Vielleicht war er tatsächlich genauso herzlos und gemein wie sein Vater? Wer konnte ihm garantieren, dass sich dieser Charakterzug nicht vererbt hatte? Möglicherweise suchte auch er die Schuld immer bei den anderen und nicht bei sich? Linard würde nun antworten, dass bereits das Stellen dieser Fragen ihn von seinem Vater abhob und bewies, dass er eben nicht so war wie jener. Aber das beruhigte Duri kein bisschen. Denn Worte wurden wahr, wenn man sie nur oft genug wiederholte. Er hatte diesen Worten nichts entgegenzusetzen. Das versetzte ihn in Panik.

Duri parkierte den Wagen. Sie hatten bei Gieri daheim abgemacht. Jon hatte Gieri zum Erbvollstrecker ernannt; deshalb war ein Treffen zwischen Duri und seinem Onkel geplant. Duri war noch nie hier gewesen, hatte die Adresse aber dennoch auf Anhieb gefunden. Es war ein hübsches Einfamilienhaus in einem familienfreundlichen

Quartier. Der Garten von Gieris Haus war gepflegt und mit einem kleinen weissen Zaun umgeben. Duri verstand nicht genau, wozu dieser Hag diente. Ziegen würden problemlos darüber springen und Kaninchen konnten sich darunter hindurchzwängen. Vermutlich war der Zaun ein Symbol, der das Innere vom Äusseren trennte. Innen schlief die heile Welt, in der es keine Normbrecher gab, in der Ordnung herrschte und der Rasen mit der Schere gestutzt war. Aussen wütete das Chaos, das in zombiehafter Manier versuchte, diesen weissen Zaun umzustossen. Duri wusste, dass er zum Bereich des Aussen gehörte. Er war ein störendes Element in dieser kleinen heilen Welt. Dieser Gedanke erfüllte ihn allerdings nicht mit Genugtuung, sondern mit einem Gefühl totaler Fremdheit. Duri blieb stehen. Sollte er jene Welt wirklich verschmutzen? Mit seiner Bosheit? Seinem Egoismus?

Zögernd betrat Duri dieses enge Paradies schliesslich durch ein Gartentörchen, folgte einem Kiespfad, suchte die Eingangstür, fand sie und klopfte. Nichts geschah. Erst als er nochmals tüchtig pochte, öffnete Gieris Frau. Ihre Augen schossen Blitze. Sie grüsste nicht, sondern bemerkte stattdessen schnippisch: „Wir haben eine Klingel. Hier in der Zivilisation klopft man nicht."

„Guten Tag, Tante Britta!"

Sie starrte ihn an. „Nenn mich nicht so. Ich bin keine Tante. Und schon gar nicht deine, man müsste sich ja schämen.

Die anderen sind im Wohnzimmer, geradeaus, dann rechts. Zieh die Schuhe aus. Und bring auch sonst keinen Dreck rein. Wir sind ein sauberes Haus."

„Die anderen? Wer ist denn noch da ausser Gieri?"

Doch Tante Britta hatte sich bereits umgedreht und war gegangen. Duri schüttelte den Kopf. Er kam sich vor wie der schwefelkeuchende Teufel persönlich, der nur darauf wartete, einen riesigen Bocksfussabdruck auf dem Wohnzimmertisch der Familie zu hinterlassen.

Tante Britta war nirgends mehr zu sehen, weshalb Duri einige Türen probierte, bis er schliesslich in die Stube trat. Dort sass nicht nur Gieri. Auch Petra, Jessica und Luca waren da. Was hatten sie hier zu suchen? Duri fand all das sehr seltsam. Den beiden leeren Weinflaschen nach zu urteilen, waren sie schon eine geraume Weile hier. Duri zögerte. Er war zu früh, sie hatten erst um fünfzehn Uhr abgemacht.

Er erwartete, dass seine Nicht-Verwandten aufstehen und sich verabschieden würden. Doch nichts dergleichen geschah. Schliesslich kam Gieri heran, um ihn zu begrüssen. Er wirkte bemüht nett, als er Duri die Hand schüttelte. Aber weder er noch Duri vermochten zu verbergen, dass sie sich nicht leiden konnten. Gieri war Jons jüngerer Bruder und ihm so ähnlich, dass Duri die ganze Abneigung seinem Vater gegenüber auf Gieri projizierte. Der einzige Unterschied war, dass Jon sich nie irgendwo eingeschleimt

Kiwi

hatte. Er war ein verbitterter, alter Baum gewesen, während Gieri als lüsterner Parasit daherkam.

Petra, Jessica und Luca grüssten ihn ebenfalls, die eine hektisch und leise, die anderen überfreundlich, was Duri mit Schweigen quittierte.

„Setz dich. Willst du Roten oder Weissen?", lud Gieri ihn höflich ein.

Duri schüttelte den Kopf. „Ich muss noch fahren."

Dies hatte den Effekt, dass er ganz ohne Getränk blieb. Denn ausser Wein wollte Gieri als Patriarch, der die Küche als weibischen Ort abtat, nichts anbieten. Und Tante Britta war noch immer nicht zu sehen. Duri setzte sich umständlich in einen Sessel. Er fühlte sich beobachtet und unwohl. Vielleicht hätte er Linard mitnehmen sollen?

Immer noch erwartete er, dass die anderen endlich gingen. Sie hatten mit dem Erbe nichts zu tun, und er wollte nicht neben ihnen sitzen. Gieri schenkte allen (ausser Duri) Wein ein und nahm dann ebenfalls Platz. Er raschelte mit irgendwelchen Papierauszügen, schnappte sich einen Ordner und schaute schliesslich wie ein Zirkusdirektor, der bereit war, seine Affen vorzuführen, in die Runde.

„Mein Bruder hat mich zu seinem Testamentvollstrecker ernannt. Eine Aufgabe, die ich im Gedenken an ihn sehr gerne übernehme." Gieri räusperte sich. „Eigentlich ist es einfach. Dich, Duri", er lächelte zweideutig in Duris Richtung, „hat Jon auf den Pflichtteil gesetzt. Also eigentlich enterbt. Die Haupterbin ist seine Frau. Mich hat er netterweise auch noch bedacht."

Gieri grinste etwas zu auffällig. Duri war einen Augenblick lang sprachlos; sein Denken schwirrte hin und her, baute Türme, zerstörte sie wieder, verfiel selbst zu Sand. Dass sein Vater ihn enterbt hatte, verwirrte ihn nur halbwegs. Jon hatte nie etwas in die Richtung angetönt, auch wenn ihr Verhältnis zueinander immer schwierig gewesen war. Aber gut. Jon konnte böse sein. Insofern war dieser Schachzug irgendwie nachvollziehbar.

Wirklich entsetzte Duri aber der gespielt freundliche Ton von Gieri. Ergötzte sich dieser tatsächlich an Duris Leid? Mochte er es, eine solche Botschaft zu übermitteln? Wieso hatte er ihn nicht vorgewarnt, wie es aus Anstand und Höflichkeit nötig gewesen wäre? Was genau wurde da gespielt? War es reiner Sadismus, der hinter alldem stand? Oder mehr?

Ebenso überfiel ihn kaltes Entsetzen darüber, dass Gieri hier Duris persönliche Angelegenheiten vor den anderen Anwesenden offenlegte. Das durfte doch nicht wahr sein! Das Erbe ging nur Duri und Gieri etwas an.

Als sich Duris Gedanken wieder zu entwirren begannen, starrte er mit finsterem Blick auf Gieri. „Was meinst du mit: seine Frau?"

Ein unangenehmes Schweigen breitete sich aus und umwölkte das ganze Zimmer wie Vulkanasche. Duri hatte das Gefühl, die biederen Vorhänge in ihrer ringelnden Blumigkeit atmen zu hören. Hastige Blicke wurden gewechselt. Dann bemerkte Gieri, als sei es das Selbstverständlichste auf der Welt: „Ja, weisst du das denn nicht? Jon hat Petra geheiratet."

Nun zerbarst die stumme Heimlichtuerei auf einen Schlag. Duris Herz blieb einen Augenblick stehen. Petra geheiratet? Seine Augen richteten sich automatisch auf die kleine Frau, die mit dem beigen Sofa zu verschmelzen schien. Das war nicht möglich. So etwas hätte Jon an die grosse Glocke gehängt. Er hätte es genossen, Duri vorzuführen, dass er auch glücklich sein konnte und dass er Chatrina überwunden hatte.

Duri schluckte deshalb: „Geheiratet? Nein, das hat er nie. Das hätte er doch nicht verschwiegen. Er hätte ein grosses Fest gemacht und es mir tausendmal unter die Nase gerieben."

Gieri blieb freundlich und distanziert. „Nicht damals. Sondern jetzt."

Duris Gedanken begannen wieder zu kreisen: „Wie meinst du das: jetzt?"

„Naja, halt vor seinem Tod."

Duri brachte seinen Mund nicht zu. Alles drehte sich vor seinen Augen. Schliesslich stammelte er: „Wann vor seinem Tod?"

Petra starrte aus dem Fenster, Jessica richtete sich die Haare, Luca trank etwas zu hastig aus seinem Glas, verschluckte sich, hustete. Nur Gieris Gesicht blieb eine lächelnde Maske. Duri glaubte, darin einen Clown zu erkennen, der seine Boshaftigkeit hinter rotzender Schminke verbarg.

Dann bemerkte Gieri: „Vier Wochen vor seinem Tod. Er liebte sie über alles. Sie ging ihn besuchen, weil sie ihm schon lange verziehen hatte. Sie konnte ihn auch nie vergessen. Also heirateten sie."

„Wie kann man so schnell heiraten? Das geht doch gar nicht."

„Liebe vermag eben alles!" Es klang zynisch.

Krapp

Da Duri Gieri mit seinen Blicken erstach, fühlte sich Letzterer wohl zu einer Erklärung verpflichtet. „Das nennt sich eine Nottrauung. Sie ist rechtskräftig". Und mit einem plötzlich völlig veränderten Blick, der endlich das Monster hinter dem Clown hervorbrechen liess, fügte er leise hinzu: „Du kannst nichts dagegen tun."

Duri starrte das Ungeheuer einen Moment lang an. Es grinste mit einem Mund voller spitzer, mit grünem Sabber überzogener Zähne. Es lechzte nach seiner Seele.

Da stand Duri auf und ging.

Kupfer

Ein himbeerroter Brückenkuss

Innerlich brennend hastete Duri zu seiner Brücke. Er war wie in Trance nach Hause gefahren, hatte sich in die Dunkelheit eingereiht und suchte nun Zuflucht bei der vollendeten Stahlkonstruktion. Er wusste nicht, was er denken, und noch weniger, was er fühlen sollte. Etwas mehr als sechs Wochen vor Jons Tod hatte er mit Linard jenen Krankenhausbesuch gemacht. Sein Vater war nicht mehr bei Verstand gewesen, hatte sich nicht einmal mehr an den Tod von Chatrina erinnert.

Es ärgerte Duri nicht einmal, dass Jon sich verheiratet hatte. Der brennende Schmerz, der in ihm aufwallte, war eine Mischung aus dem Eindruck, von Betrügern für dumm verkauft worden zu sein, und sich völlig hilflos zu fühlen. Wieso hatte ihm niemand etwas davon gesagt? Weshalb hatten sie es ihm nicht mitgeteilt, als sie heirateten? Oder es ihm wenigstens bei der Bestattung erzählt?

War das Petras Werk? Oder war sie jemandes Spielball? Gieris?

Duri zwang sich, diese Gedanken in den Inn unter sich zu werfen. Seine wenigen freien Nachtstunden gehörten der Brücke; er würde sie nicht mit solchen profanen und gleichzeitig messerscharf selbstverletzenden Gedanken vergiften. Die Brücke war zu perfekt, zu schön, zu vollendet für solche Schlammschlachten.

Lachs

Duri breitete seine Malutensilien aus. Die Strassenlampe hinter ihm hüllte alles in einen milchigen Dunst, liess die Brücke wie eine Braut aussehen, voller tauiger Juwelen. Es hatte bis vor Kurzem noch geregnet. Nun war der Himmel trocken, aber ein frischer Wind zog auf.

Die Kälte frass sich von unten in Duris Körper. Duri stellte die Leinwand auf seine Reisestaffelei und griff zum Pinsel. Dann konzentrierte er sich auf die Stahlbögen vor sich.

Die Brücke hatte einen Holzboden, der bei jedem Schritt eine freundliche Begrüssung knarrte. Aber vollendet war vor allem ihre Form. Wie sie sich in atemberaubender Höhe von Fels zu Fels spannte. Eine Tänzerin zwischen den Bergen. War Jon noch bei Sinnen gewesen? War es nicht anfechtbar? Manche der Wassertropfen, die das Brückengeländer überzogen, blieben regungslos liegen. Andere flossen in Zeitlupe zusammen und erfüllten sich einen Traum. Hatten Jessica und Luca etwas damit zu tun? Es war natürlich ein von Erfolg gekrönter Plan, einem sterbenden Mann auf Morphium, der ein Leben lang alleine gewesen war, das Herz zu rauben. Oder war das alles gegen ihn, gegen Duri, gerichtet? War Jon doch bei Sinnen gewesen? Wollte er sich vielleicht an Duri und vor allem Chatrina rächen? Duri wusste sehr wohl, dass sein Vater seiner Mutter nie verziehen hatte, dass sie gegangen war.

Die Holzdielen der Brücke waren unregelmässig; ihre Rillen erschufen ein labyrinthartiges Muster, das zwischen Hell und Dunkel hin- und herfloss. Es schien sich zu bewegen und immer neue Verschnörkelungen zu entwerfen. Welche Rolle spielten Gieri und Britta in diesem ganzen Spiel?

Duris Hand bewegte sich von selbst über die Leinwand. Normalerweise dachte er an die Brücke, während er malte. Er versuchte, nichts zu verpassen, sie perfekt zu inszenieren. Doch dieses Mal gelang ihm das nicht. Das Erlebte war zu präsent. Das Geländer blitzte wie silberner Tau in einem dunklen Wald. Es wand sich wie eine Schlange zum Wald hin. Duri musste einen Anwalt zu Rate ziehen. Es konnte doch nicht sein, dass sich jemand, der zehn Jahre abwesend war, mit einem Sterbenden vermählte. Was für eine Frau tat so etwas? Was für ein Mensch? Die Brücke verlief nicht ganz gerade, sondern hatte einen leichten, fast unmerklichen Schwung in sich, der sich auf der anderen Seite des Flusses im Dunkeln verlor. War es Erbschleicherei?

Duri schüttelte den Kopf und gab sich den Tönen des Inns hin. Er gurgelte, schlürfte, rauschte, rief plötzlich. Dann war es Duri selbst, der schrie. Doch sein Schrei wurde von der Brücke verschluckt. Sein eigenes Schicksal, seine Sorgen, seine Gedanken schienen mit dem Geländer, den Dielen des Bodens, der Aussicht in die Tiefe zu verschmelzen.

Lehmbraun

Dieses Mal wurde Duri Teil der Brücke, er malte in Stahl, er dachte in massiven Betonpfeilern. Duri wurde zu einem Jugendstilgeländer, zu den Tautropfen auf filigranen Ornamenten. Er schlängelte sich, er floss, er tropfte, er streckte sich zu Brettern – und während er malte, veränderte sich seine Umgebung. Sie wurde milchiger, leichter, dann plötzlich finsterer. Die Strassenlampe hinter ihm erlosch, der Boden unter seinen Füssen wurde zu Moos.

Dann erhob sich die Brücke, bog sich und küsste ihn sanft.

Duri zitterte. Er senkte die Hand mit dem Pinsel. Die Brücke lag wieder starr vor ihm. Aber irgendetwas war anders. Es war windstill, roch nach Tannenharz. Einige Fuss vor ihm ging der Dielenboden in einen mit Blättern übersäten Waldgrund über. Links und rechts davon rankten sich Zweige in das Brückengeländer, vermischten sich damit, ergänzten es. Duri wollte instinktiv einen Schritt darauf zu machen, da meldete sich sein Verstand. Das alles konnte nicht sein!

Sofort verschwand die Vision. Die Brücke lag wieder in ihrer gewohnten Schönheit vor ihm. Sie führte ans andere Ufer und nicht mehr in einen geheimnisvollen Forst. Duri starrte hinüber zu den Felsen, zu den Tannen, die er dort dunkel erahnen konnte. Er verharrte einige Minuten regungslos. Dann senkte er den Kopf und begann langsam, innerlich aufgewühlt, seine Malutensilien einzupacken.

Lila

Dieses Mal warf er das Bild nicht über das Geländer, sondern hob es sorgfältig von der Staffelei und nahm es mit. Es war noch nicht fertig, vielleicht konnte er, wenn er weitermalte… Sofort tadelte sich Duri für diese Idee. Wie lächerlich sie doch war!

Während er nach Hause trottete, fragte er sich, ob er wohl verrückt sei. Er hatte zwar noch nie jemanden etwas in die Richtung verlauten hören, aber Duri wusste, dass die Leute ihn zumindest für sonderbar hielten. Die Alteingesessenen gingen damit um, wie man es jahrhundertelang immer getan hatte: Man sprach hinter dem Rücken des Betreffenden davon, tuschelte, tauschte Blicke, aber man liess ihn in Ruhe leben, grüsste ihn wie alle anderen und hatte auch nichts dagegen, wenn er mal zum Stammtisch kam. Leute, die eigentümlich waren, gehörten dazu. Damit konnte man umgehen, brauchte sie vielleicht sogar, um für sich zu definieren, was denn überhaupt normal war.

Hinter all dem standen feine Netze von Familien und Beziehungen. Es herrschte hier nicht die heile Welt, die die Touristen suchten. Sondern hinter den schön dekorierten Häuserfassaden wartete der manchmal öde, manchmal facettenreiche Alltag. Es herrschten die ungeschriebenen Gesetze von Leuten, die sich seit Jahrhunderten kannten. So durfte die Familie im Torhaus tuscheln, weil es allen bekannt war, dass ein Urgrossonkel dort jeweils im Winter nackt im eisigen Dorfbrunnen gebadet hatte und es deswegen mit Duris Urgrossmutter Streit gegeben hatte. Sie hatten das Recht, jetzt schadenfreudig zu sagen, dass aus ihnen, trotz des Urgrossonkels, normale Leute geworden seien, während Duri aus der Reihe tanze. Die oben vom reichen „langen Hof" durften dagegen nicht tuscheln, weil Duris Ururgrosseltern sie nach einer misslungenen Migration nach Amerika ein Jahr lang kostenlos bei sich wohnen liessen und alles mit ihnen teilten, bis sie schliesslich wieder eine eigene Ernte einbringen konnten. Es wäre ungeziemend, eine solche Grosszügigkeit jetzt durch Gerede nichtig zu machen und sich als undankbar zu erweisen. Mit diesem Sozialgefüge wuchs man auf. Manchmal wünschte sich Duri einen frischen Wind, der diese feinen Netze zerriss. Aber so etwas gab es hier nicht. Die Berge waren nicht nur Wächter, sondern auch Bewahrer. Die Leute, die neu ins Dorf zogen, interessierten sich meistens zu wenig für diese unsichtbaren sozialen Verbindungen, um sie durchbrechen zu können. Aber vielleicht würde die Zukunft sie ändern?

Duri schlurfte durch das Unterdorf und überlegte sich, wieso er eigentlich nicht normal war. Weil er Menschen nicht ertrug? Aber so waren hier viele. Sogar der umgängliche Linard hatte Zeiten, in denen er einfach alleine sein wollte. Das war es also nicht. Lag es etwa daran, dass Duri in eine Brücke verliebt war und nicht in eine Frau? Neben Linard hatte ihm nur eine Person Avancen gemacht: Seraina, die

Bäckerstochter. Duri mochte Seraina. Sie waren zusammen zur Schule gegangen. Aber eine Liebesbeziehung mit ihr anzufangen, hätte er sich nie im Leben vorstellen können. Er hatte es ihr vielleicht zu deutlich gesagt, denn seither war ihre Freundschaft merklich abgekühlt. Seraina blieb nett, aber sie liess es ihn trotzdem spüren, dass sie enttäuscht und verletzt war. Schliesslich hatte sie sogar weggeheiratet. Irgendeinen reichen Typen in einer der grösseren Städte. Die Bäckersfrau, Serainas Mutter, hatte das Duri bis heute nicht verziehen. Immer wenn er sie traf, machte sie feine (oder auch deutlichere) Anspielungen darauf, dass ihre Seraina noch hier wäre, wenn er ihr nicht einen Korb gegeben hätte. Aber nein, jetzt müsse sich das arme Mädchen wegen des reichen Schnösels, den sie geheiratet habe, um ihre Fingernägel und ihr Image kümmern und hätte keine Zeit mehr, hierherzukommen. Man erkenne sie ja kaum wieder, so aufgebrezelt wie sie nun sei. Und sowieso: Diese Flucht der Jungen in die Städte sei das Schlimmste, was dem Tal passiere. Wie denn das weitergehen solle?

Duri erwiderte nie etwas auf solche Vorwürfe, weil es darauf keine Antwort gab. Die Bäckersfrau hatte Recht. Ihm tat Seraina auch leid in ihrem illusorischen Luxus. Aber er hätte sie nicht glücklich machen können. Was gab es hier für Möglichkeiten für junge Leute? Vermutlich blieb am Ende nur die Flucht?

Duri spazierte über die Hauptstrasse. Vielleicht war es gar nicht so schlimm, verrückt zu sein. Diese Art des Wahnsinns ermöglichte Einblicke in Dinge, die den normalen Leuten verborgen blieben. In die Geheimnisse einer Brücke beispielsweise. Aber es entfernte einen von Menschen wie seinen neuen Verwandten. Duri schüttelte den Kopf. Leute wie Petra und Gieri würde er nie verstehen können. Nie!

Blassrosafarbene Aktenordner

Der hagere Mann musterte Duri durch zarte Brillengläser hindurch. Man sah ihm an, dass er ein Asket war, der sein Leben dem Waffenlauf und dem Yoga verschrieben hatte. Duri mochte diesen Blick nicht. Er vertraute ihm, aber diese Augen schälten sein Innerstes heraus. Duri kam sich vor wie eine Schnecke ohne Haus. Vorsichtig streckte er seine Fühler aus. Da senkte der Mann seinen Blick und sagte in den dunkel getäferten Raum hinein: „Ich verstehe, dass es eine sehr unerfreuliche Situation für Sie ist. Ich habe alles geprüft. Mehrfach. Aber ich kann Ihnen nicht empfehlen zu klagen. Vermutlich würden Sie mit einer Klage nicht erfolgreich durchkommen."

Nun suchte Duri diese ausziehenden Augen. Der Mann erwiderte den Blick und fuhr fort: „Das Erbrecht ist kantonal unterschiedlich. Leider war Ihr Vater in jenem Kanton angemeldet, der solchen Fällen sehr liberal begegnet. Mit anderen Worten: Der Sterbende hat völlige Freiheit über sein Erbe. Er hat das Recht zu heiraten und Sie auf den Pflichtteil zu setzen. Auch so kurz vor dem Tod und auch unter starken Schmerzmitteln. Vor allem, wenn die betreffende Braut eine ehemalige Liebhaberin von ihm und keine völlige Unbekannte ist."

Duri seufzte und nickte schweigend. Im Gesicht des Anwalts zeigten sich Fältchen, die ungewohnt plötzlich hervorbrachen und ein wohl unprofessionelles, aber menschliches Mitgefühl andeuteten. „Ich würde Ihnen empfehlen, das Haus bald zu verkaufen, die Sache damit möglichst schnell abzuschliessen und sich mit dem Geld, das Sie erhalten, etwas zu gönnen."

Und nach einer kurzen Pause fügte er väterlich hinzu: „Lassen Sie sich nicht unterkriegen. Wissen Sie, ich bin kein religiöser Mensch, wirklich nicht. Aber ich glaube an so etwas wie ausgleichende Gerechtigkeit. Wenn es Erbschleicherei war, wie Sie vermuten, wird das irgendwie – und sicher ganz unerwartet – Konsequenzen haben."

Duri suchte wieder diese Augen. Meinte der durchaus bekannte Anwalt, den er mit der Sache betraut hatte (was ihn eine gute Stange Geld kosten würde), das ernst? Ausgleichende Gerechtigkeit? Daran hatte auch Duris Tante geglaubt.

„Danke", antwortete Duri zögernd und fügte dann hinzu, um noch etwas zu sagen: „Ich werde daran denken."

Dann stand er langsam auf, verabschiedete sich und ging aus der Kanzlei. Er hatte nicht die Antwort erhalten, die er sich erhofft hatte. Aber dennoch war sein Herz beruhigt. Zumindest wusste er jetzt, dass er nicht ganz so naiv gewesen war, wie er befürchtet hatte. Vielleicht hatte sein Vater Petra ja wirklich geliebt? Vielleicht war diese Heirat sogar die richtige Entscheidung gewesen, weil sie Jon wenigstens einige Tage innere Ruhe beschert hatte? Möglicherweise war er tatsächlich ein schlechter Sohn? Aber weshalb hatten weder Jon noch Petra, Jessica oder Gieri ihm irgendetwas von der Heirat gesagt? Wieso diese Heimlichkeiten? Steckte dahinter ein sadistisches Spiel? Oder war es einfach nur Feigheit?

Duri fuhr nachdenklich ins Haus seiner Tante zurück. Dort trabte er zwischen der alten Uhr in der Stube und dem noch mit Holz zu feuernden Ofen in der Küche hin und her. Seine innere Unruhe breitete sich wie brodelnde Lava in ihm aus. Er konnte nicht einfach nichts tun.

Duri griff, innerlich zitternd, sein Telefon und tat etwas, das ihn viel Überwindung kostete. Er suchte in einem altrosa Ordner nach einer Nummer und wählte sie. Das Gerät piepste. Duri wartete. Schliesslich meldete sich sein Onkel am anderen Ende der Leitung.

„Ja, guten Tag. Hier ist Duri."

Gieris Stimme veränderte sich sofort, als er Duris Namen hörte, und nahm diesen paternalistischen Klang an, den er schon bei der Testamentseröffnung hatte: „Schön, dass du anrufst. Wie geht es dir?"

„Ich will wissen, was da genau läuft." Die Nervosität liess Duri unhöflich erscheinen.

„Was meinst du denn damit?"

„Wieso habt ihr mir das nicht gesagt? Bei der Beerdigung? Oder danach?"

„Mach dir keine Gedanken darüber. Das war nicht der passende Moment. Wir wussten ja nicht, wie du reagieren würdest. Auf einer Bestattung soll es respektvoll zu- und hergehen."

„Du hattest Angst, dass ich ausraste?"

Gieri schwieg, und Duri hätte gerne sein Gesicht gesehen. Der Maler fuhr fort: „Wieso hat es mir Petra nicht gesagt? Sie ist ja in diesem Fall sowas wie meine Mutter."

„Du musst sie verstehen. Sie trifft es am härtesten. Sie ist jetzt eine Witwe."

„Naja, sie hätte ihn ja nicht heiraten müssen, dann wäre sie jetzt nicht Witwe."

„Du bist grausam, Duri. Petra hatte nie viel Geld. Sie musste hart arbeiten für ihr Kind. Sie hat es wirklich verdient. Jon wollte ihr damit nur etwas Gutes tun. Ihr seinen Dank aussprechen für alles, was sie früher für ihn geleistet hatte. Während du ihn ja nur immer enttäuscht hast."

„Ich verstehe. Danke für die Auskunft."

Duri hängte auf. Solche Vorwürfe musste er sich nun wirklich nicht nochmals anhören. Die brodelnde Unruhe hatte einer finsteren Wut Platz gemacht. Hatte er seinen Vater enttäuscht? Oder war Jon gar nicht das Ungeheuer, das Duri in ihm gesehen hatte? Hatte Jon Petra vielleicht wirklich etwas Gutes tun wollen?

Duri lief wieder unruhig hin und her. Er versuchte, gelassen zu atmen. Aber er konnte seinen inneren Sturm nicht besänftigen. Tief im Bauch schmerzte es wie ein Drachenbiss, der sich weit ins Fleisch gegraben hatte und nun dort sein Gift verbreitete. Dieses Gefühl frass sich langsam in seine Brust und presste seinen Hals zusammen. Duri fühlte sich ihm hilflos ausgeliefert, während es von seinem ganzen Sein Besitz ergriff.

Er hastete weiter rastlos durch sein Haus, bis es schliesslich eindunkelte. Die Nacht, die ihre sanften Schwingen über die Bergwelt legte, hatte er sehnsüchtig erwartet. Es war Zeit, die Brücke zu besuchen. Vielleicht konnte sie ihn beruhigen, von dem Drachenbiss heilen oder in ihre Welt entführen und trösten.

Marineblau

Duri schulterte den Rucksack mit den Malsachen. Doch bevor er in die kühle Finsternis trat, fiel sein Blick auf das angefangene Bild, das in einer Ecke im Gang stand. Es hatte die Pforte geöffnet, nach der er sich sein ganzes bisheriges Leben gesehnt hatte.

Duri betrachtete das Gemälde lange. Die Brücke schwang sich in ihren Bögen über den Inn. Sie war nicht perfekt gezeichnet, er hatte schon viel präzisere Bilder von ihr gefertigt, aber sie sog dennoch – oder möglicherweise deshalb – alles in sich auf. Duri wurde förmlich zu ihr hingezogen, wollte sie streicheln, liebkosen. Er spürte die starke Verbindung zu diesem Bild. Ein Stück von ihm selbst schien darin zu wohnen. Seine Hand griff langsam nach dem Gemälde. Ganz vorsichtig strich er an der Seite über die Leinwand. Die Farbe war getrocknet. Aber das Bild war noch nicht fertig.

Kurz entschlossen wickelte Duri es in ein altes Leintuch und nahm es mit.

Mauve

Fantasien in Mauve

Es war bewölkt. Der Mond leuchtete nur fahl durch diesen Wolkenschleier, obwohl er fast voll war. Duri baute seine Staffelei auf und legte das unfertige Bild darauf. Dann richtete er seinen Blick auf die Brücke vor ihm. Sie lag unbeweglich da, schien real zu sein und doch auch wieder nicht. Eine Weile verharrte er. Die Zeit tropfte wie Honig durch die milchige Nacht, löste sich auf, kehrte zu ihm zurück, nur um wieder davonzufliegen. Ein hastig aufflackerndes Gefühl, dass die Zeit keine Lineare, sondern ein unkontrollierbarer Kreislauf war, machte sich in Duri breit. Er wälzte sich in dieser Emotion und begann zu malen. Wieder konzentrierte er sich nicht auf die Brücke, sondern liess seinen Gedanken freien Lauf. Sie wankten gierig zurück zum Gespräch mit Gieri. Wieso hatte dieser so etwas gesagt? War es wahr? War sein Onkel genauso überfordert mit der Situation wie er? Oder war Gieri ein grausamer Mensch? Zog er irgendeinen Nutzen aus dieser ganzen Sache? Oder wollte er, aus welchen Gründen auch immer, Petra wirklich helfen? Welche Rolle spielte sie überhaupt in diesem Spiel? Erst jetzt fiel Duri auf, dass sich Petra überraschend passiv verhielt. Sie sprach nicht, liess alle anderen für sich agieren. War sie die graue Eminenz im Hintergrund oder einfach irgendein Mauerblümchen, mit dem alle machten, was sie wollten? Hatte sein Vater sie geheiratet, weil sie ihn als geschickte Erbschleicherin mit ihren Spinnfäden eingelullt hatte? Hatte Jon sie für irgendwelche Rachepläne an Duri und vor allem am Gedenken von Chatrina missbraucht? Oder wollte er so irgendeine Schuld bei Petra begleichen? Irgendetwas, von dem Duri nichts wusste?

All die Fragen hefteten sich wie dunkles Pech an Duri. Sie überzogen ihn mit einem schwarzen Schleier. Er wollte sich daraus befreien, versank aber immer tiefer in diesem Sumpf. Was sollte er jetzt tun? Gab es eine Möglichkeit, die ausgleichende Gerechtigkeit, von der der Anwalt gesprochen hatte, herbeizurufen? Oder war doch Duri selbst der Böse in diesem ganzen Spiel? Hatten seine Verwandten recht? Während die Fragen auf ihn hereinprasselten, malte seine Hand. Sie zog Bögen, als er an Jon dachte, und vollendete Kreise, wenn er an sich selbst zweifelte. Sie pinselte in Rot und Braun und jagte die Erinnerungen an seine neuen Verwandten.

Schliesslich türmte sich das Nachdenken über ihm auf und zerbrach. Duri erwachte aus dem Dickicht seiner Fragen. Die malende Hand hielt inne. Er blickte zur Brücke und erwartete, das Tor zu sehen. Doch es zeigte sich nicht. Duri seufzte und fand sich augenblicklich, wie geohrfeigt, in der öden Realität wieder.

Schweigend versuchte er, seine Enttäuschung herunterzuschlucken. Eigentlich hätte er ahnen sollen, dass es nicht so einfach war. Wieso war er das letzte Mal nicht durch das Tor, das ihm die Brücke geöffnet hatte, geschritten? Warum hatte er seiner Vernunft erlaubt hervorzubrechen und sich so diese möglicherweise einmalige Gelegenheit entgehen lassen?

Duri wandte sich ab. Es hatte keinen Sinn. Die Magie war verschwunden. Vermutlich würde sie nie mehr wiederkommen. Er hatte diesen einen besonderen Moment ungenutzt verstreichen lassen.

Vor seinem inneren Auge flackerte eine Geistergeschichte auf, die ihm seine Tante erzählt hatte: Eine ruhelose weisse Frau, die unter einer Burgruine spuke, tauche alle hundert Jahre vor einem einsamen Wanderer auf und hoffe auf die eine Frage, die sie aus ihrer Verdammnis befreien könne. Doch keiner bringe diese Worte über die Lippen, obwohl die weisse Frau den Fragenden mit einem Schatz reich belohnen würde. Alle hundert Jahre verstreiche die Gelegenheit, weil die nächtlichen Wanderer, die dem Geist begegnen, die Frage nicht wissen oder schlicht Angst davor haben, sie zu stellen. Weil sie zögern, statt zu handeln. Duri fühlte sich genau so: Wie wenn er den einen Moment verpasst hatte. Diesen Augenblick, der alles hätte verändern können und jetzt nie mehr zurückkommen würde.

Duri betrachtete das, was er da gepinselt hatte. Da der Mond unterdessen hervorgebrochen war, war es gut zu erkennen. Der Maler wunderte sich.

Narzisse

Auf der gemalten Brücke bewegte sich ein von zwei braunen Pferden gezogener Omnibus mit festem Verdeck und kleinen Fenstern, die mit roten Läden verschlossen waren. Auf dem Bock sass eine grauhaarige Figur, in einen dunkelblauen Mantel gehüllt.

Duri schüttelte den Kopf. Wie um alles in der Welt kam er auf die Idee, so etwas zu malen? Die Brücke war eine Fussgängerbrücke, und Duri hatte Pferde noch nie besonders gemocht. Sie waren ihm zu gross und zu unberechenbar. War das sein Bild?

Nachdem Duri alle Malutensilien weggeräumt und seinen Rucksack geschultert hatte, wagte er einen erneuten Blick auf die Leinwand. Er wollte sie ergreifen und in den Inn werfen. Doch das Bild verschmolz mit der Brücke. Das Gemälde schien zu ihr zu gehören. Ein Juwel, mit dem sie sich schmückte. Eine Art Verlobungsring.

Da nahm Duri das Gemälde beinahe zärtlich hoch. Das Leintuch wickelte er nicht darum, da die Farbe noch feucht war. Stattdessen trug er das Bild vorsichtig die Strassen hinauf. Bis nach Hause.

Prismengleiche Gläser in Gold

Am nächsten Morgen erwachte Duri überraschend früh. Es war kurz vor neun Uhr. Er stand auf, machte sich einen Kaffee und kleidete sich an. Er überlegte, wie er den Morgen sinnvoll nutzen konnte. Als ihm nichts einfiel, beschloss er, bereits jetzt ins Archiv aufzubrechen. Es würde nicht schaden, einige Überstunden zu machen.

Im Gang stand das Bild und streichelte ihn mit seinen Farben. Bei Tag sah es greller und aufdringlicher aus, aber auch fröhlicher. Es schien ihm einen jubelnden Gruss zuzurufen. Duri grüsste zurück, dann trat er über die Schwelle, hinüber in eine Welt, in der Magie für Zaubershows reserviert war, in der man Bilder als Statussymbole an die Wand hängte und nicht, weil sie einen in eine andere Realität entführen konnten.

Er stapfte den schmalen Trampelpfad von seinem kleinen Haus hinunter und gelangte auf den grösseren Feldweg, der ihn bis zur Hauptstrasse führen würde. Kaum war er auf diesen Weg eingebogen, hörte er hinter sich Hufgetrappel. Duri wollte ins angrenzende Feld springen, um den Pferden Platz zu machen. Als er sich dazu umdrehte, stockte sein Atem. Er spürte, wie die Beine unter ihm nachzugeben drohten. Doch im letzten Moment wich er aus und hüpfte in die Wiese. Dort blieb er wie angewurzelt stehen und starrte auf das, was kam. An ihm zog ein von zwei braunen Pferden geführter Omnibus mit festem Verdeck und kleinen Fenstern, die mit roten Läden verschlossen waren, vorbei. Auf dem Bock sass eine grauhaarige Frau, in einen dunkelblauen Mantel gehüllt. Als die Kutscherin genau auf seiner Höhe war, blickte sie auf. Sie schien einen Augenblick lang zu zögern, dann zügelte sie die Pferde. Der Wagen hielt an.

„Hallo, Duri, schöner Tag heute!" Sie lachte ihn an.

Duri starrte in ihre Augen, in ihr Gesicht, auf ihre Hände, unter deren Haut sich die blauen Blutadern wie Schlangen wanden. Er fand keine Worte.

Sie wartete. Weil er wie versteinert dastand, fixierte sie schliesslich die Leinen und sprang vom Bock. Dann ging sie um den Wagen herum und öffnete hinten eine Tür, die in den Omnibus führte.

„Duri, komm", hörte er sie rufen. Er zitterte. Aber langsam gewann seine Vernunft Oberhand. Er hatte am Vorabend denselben Wagen gemalt. Dennoch musste es reiner Zufall sein, dass genau so eine Kutsche nun vor ihm stand. Ausser sie war ein Traum oder eine Wahnvorstellung. Aber, ob real oder nicht, machte in diesem Moment keinen Unterschied. Duri drängte seinen Verstand zurück. Dieses Mal wollte er den Augenblick auskosten, statt darüber zu sinnieren. Tun statt denken. Er wollte der weissen Geisterfrau die richtige Frage stellen. Also hob er seine erstarrten Beine und tappte der Kutscherin nach. Die Frau stand in der Tür und wartete auf ihn. Duri zögerte wieder einen Augenblick. Dann aber schob er seine Vernunft, und damit seine Zweifel, endgültig zur Seite, stellte seinen Fuss auf die Trittfläche, die zur Tür hinaufführte, und schwang sich in den Wagen.

Drinnen empfing ihn die erwartete Enge einer Kutsche. Ganz hinten stand ein schmales Bett. Daneben erhob sich ein Büchergestell voller alter, zerfledderter Werke. Eine Kommode reihte sich daran. Einige Pfannen und Vorräte stapelten sich darauf. Daneben zwei Fässer, auf denen *Hafer* und *Pferdefutter* stand. Über seinem Kopf hing eine grosse Blache voller Heu. Der Duft des geschnittenen Grases überzog den ganzen Innenraum und entführte den Eintretenden in ein fernes Maiensäss.

„Gefällt es dir, Duri?" Die Frau musterte ihn.

Duri betrachtete noch immer die Sachen im Raum, dann musterte er die Frau und fragte: „Woher kennst du meinen Namen?"

Sie zuckte die Schultern: „Ich weiss nicht. Du kennst meinen ja auch."

„Tue ich das?" Duri grub in seinem Gedächtnis. Er hatte die Frau noch nie gesehen. Deshalb antwortete er: „Nein, ich kenne deinen Namen nicht. Wie heisst du?"

Sie hob die Augenbrauen. „Na, spiel nicht mit mir!"

Duri sagte den erstbesten Namen, der ihm einfiel: „Ladina?"

„Eben. Du kennst ihn." Nach einer kurzen Pause fragte sie: „Willst du etwas Besonderes sehen?"

Duri nickte schweigend. Ladina ging zu der Kommode und winkte ihn zu sich. Das Möbelstück war aus einem Hartholz, vermutlich Nussbaum. Unten befanden sich einige Schubladen, oben eine zu öffnende Abschrägung wie bei einem Sekretär. Die Frau zwinkerte Duri neckisch zu und öffnete dann diesen oberen Teil. Er starrte auf geschliffene Brillengläser. Sie waren sorgsam nach Stärke und Art aufgereiht, manche waren geschwärzt. Es war ein alter Brillengläserkasten eines Optikergeschäftes. In einem eigenen Fach, mit Samt ausgeschlagen, lag die Testbrille, in die die verschiedenen Gläser eingesetzt werden konnten. Mit ihr vermochte man die notwendige Korrekturstärke bei den Kunden und Kundinnen zu messen, um dann nach diesen Werten die geeignete Brille herzustellen.

Duris Blick fuhr über die Gläser, die ein gleichmässiges und doch stetig unterbrochenes Muster bildeten.

„Schön. Findest du nicht auch?" Ladina nahm ein einzelnes Glas heraus und blickte hindurch. Ihr linkes Auge wurde dadurch grösser.

Sie legte das Probestück wieder zurück und nahm ein anderes: „Hier wird alles viel kleiner, wenn man hindurchschaut. Und doch ist es eigentlich immer noch dasselbe. Nur sieht man es eben anders. Ich finde das faszinierend."

Ocker

Wieder nickte Duri. Dann griff auch seine Hand nach einem Glas. Er wählte ein farbiges. Es war leicht grün getönt und für eine Sonnenbrille gedacht. Duri guckte hindurch. Das Wageninnere verwandelte sich in einen Dschungel. Pflanzen rankten sich über das nun grüne Bett, bückten sich in die Kochtöpfe und wuchsen aus dem Heu. Duri legte das Glas zurück und nahm sich ein graublaues. Als er hindurchlugte, verwandelte sich seine Umgebung in eine sanfte, kalte Schneelandschaft. Das Heu wurde mit einem Hauch von Frost überzogen, das Bett transformierte zu einem Schlitten, Ladina zu einer Schneekönigin.

Die Kutscherin beobachtete ihn aufmerksam, dann schmunzelte sie. „Alles nur eine Frage der Sichtweise."

Duri senkte das Glas. „Ich weiss nicht. Ist das nicht nur eine Entschuldigung? Ich meine für unsere falschen Taten. Damit kann man alles relativieren. Aber so einfach ist es nicht. Haben wir nicht auch eine Verantwortung?"

Ladina zuckte gelangweilt die Schultern. „Welche denn? Zu leben?"

„Nein, anderen nicht zu schaden."

Die alte Dame legte ihr Glas zurück und drehte sich dem Ausgang zu. „Vielleicht. Möglicherweise sind wir aber auch einfach zu dumm, um überhaupt zu verstehen, was Verantwortung ist. Vielleicht wählen wir nicht mal die Gläser, durch die wir schauen, bewusst aus, sondern tun es ungerichtet, sinnlos."

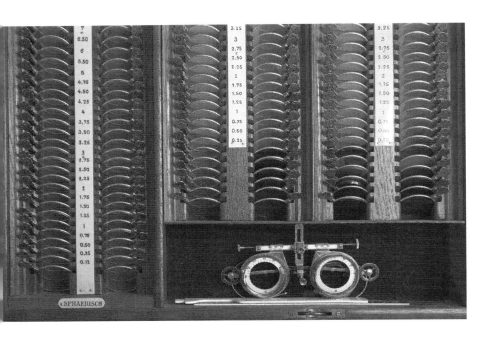

Sie durchschritt die Tür. Er hörte, wie sie vom Wagen sprang. Auch Duri steckte das graublaue Glas, das er noch immer in der Hand hielt, in den Setzkasten zurück. Dann folgte er der Frau nach draussen. Er schloss die Türe hinter sich, hüpfte vom Wagen und ging um das Gefährt herum. Ladina sass bereits wieder auf dem Kutschbock, die Leinen in der Hand. Eines der Pferde scharrte nervös. Es schien zu wissen, dass es bald weiterging. Ladina winkte zum Abschied und rief: „Danke, Duri!"

Dann trieb sie die Pferde an.

„Wofür denn?", antwortete Duri, aber sie konnte ihn bereits nicht mehr hören, weil der Omnibus schon an ihm vorbeigezogen war.

Olivgrün

Duri blickte dem Pferdewagen nach, der langsam den Weg hinunterfuhr und dann hinter der Kurve verschwand. Was für eine merkwürdige Begegnung.

Hatte die Brücke ihm diese Frau geschickt? Oder war alles nur Zufall?

Duri schüttelte den Kopf, schob dann aber seine Fragen beiseite und setzte den Weg zur Arbeit fort. Irgendwann würde er es verstehen. Aber im Augenblick schien dieses Ereignis lediglich ein Stück eines noch unzusammenhängenden Bildes zu sein. Ein Teil eines Puzzles.

Orange

DIE FACETTEN DES REGENBOGENS

Die Arbeit im Archiv beruhigte Duri. Sie gab ihm Distanz zu sich und seinen Fragen. Alles war wunderbar, bis ihn gegen Abend Gieri anrief. Duri nahm nur widerwillig ab und flüsterte ein heiseres „Hallo" in den Hörer.

„Hallo, Duri. Geht's gut?"

„Was willst du?"

„Kalt wie immer? Na gut, mir soll's recht sein. Kommen wir direkt zur Sache: Wir treffen uns morgen um dreizehn Uhr um zu debattieren, was mit dem Haus geschieht."

„Morgen ist Freitag."

„Du kennst die Wochentage?"

„Gieri, ich arbeite. Ich kann morgen um eins nicht bei euch sein."

Gieri schwieg einen Augenblick, dann sagte er: „Kannst du nicht freinehmen?"

„Nein, so kurzfristig geht das wirklich nicht."

„Gut, dann diskutieren wir jetzt kurz. Willst du das Haus?"

Duri dachte nach. Er hatte früher, vor allem, wenn ihn die bisweilen stark wuchernde Kleinkariertheit in seinem Dorf genervt hatte, mit dem Gedanken gespielt, später einmal in Jons Haus einzuziehen. Aber gleichzeitig hatte es ihn immer abgeschreckt, sein Dorf zu verlassen, in eine städtische Agglomeration zu übersiedeln, dort fremd zu

Oxidrot

sein und die sozialen Netze nicht zu durchschauen. Nun war die Situation anders als je geplant. Er hatte nicht das Geld, jenes Haus in einer teuren bergfernen Region zu kaufen. Und wollte es auch nicht. Es würde ihn mit jedem Atemzug, mit jedem Schritt an einen Vater erinnern, den er nie verstanden hatte.

Deshalb antwortete er entschieden: „Nein."

„Nun, Petra hätte es gerne. Du weisst ja, wie beengt sie im Augenblick wohnt. Sie haben nur ein Badezimmer, dabei sind oft Jessica und Luca bei ihr. Es wäre wirklich ein Segen, wenn sie es kriegen würde. Jon hatte ihr eigentlich versprochen, dass sie drin wohnen darf. Aber dir gehört halt ein Teil davon, vom Pflichtteil konnte er dich ja nicht enterben." Gieri atmete kurz durch, dann fragte er mit verändertem Tonfall: „Würdest du auf dein Erbe verzichten zugunsten von Petra? Sie hätte es wirklich nötig."

Duri glaubte, seinen Ohren nicht zu trauen. Dann sagte er, gröber als beabsichtigt: „Sie kann mich ja ausbezahlen."

„Dazu hat sie doch das Geld nicht. Was denkst du denn? Mach es doch einfach aus Nettigkeit für sie. Sie ist ja jetzt sowas wie deine Mutter."

„Nein, ganz sicher nicht!" Duris Antwort galt vor allem der Bemerkung, dass Petra nun seine Mutter sei.

Nun änderte sich Gieris Stimme erneut, ihr Klang wurde grau und irgendwie schimmlig: „Du bist dermassen ein Egoist. Aber das wussten wir ja schon lange. Weisst du, wie sehr dich mein Bruder geliebt hat? Aber du hast ihn links liegen gelassen, hast ihm die kalte Schulter gezeigt. Sogar als er sterbenskrank war. Das hat ihm das Herz gebrochen. Vermutlich ist er am Ende an deiner Kälte gestorben. Aber du bist wie deine Mutter. Grausam und böse."

Duris Hand bebte, sein Herz flatterte. Das musste er sich nicht bieten lassen. Duri bündelte seinen aufflammenden Hass und verbarg ihn tief in seinem Inneren. Nach aussen hin kühl antwortete er: „Wir werden das Haus verkaufen. Petra kann sich mit ihrem Anteil sonst etwas erwerben, wenn sie will. Sag das morgen so. Schönen Abend!"

Er legte auf. Heisse Tränen rollten ihm über die Wangen. Er konnte sie nicht zähmen. Langsam und wie in Trance räumte er seine Sachen zusammen und schlich sich heulend aus dem Archiv, obwohl sowieso niemand mehr da war. Draussen war es bereits dunkel. Duri trottete mit gesenktem Kopf durchs Dorf. Er ging im Schatten der Häuser, versteckt vor den Strassenlaternen. Im Augenblick wollte er niemanden sehen, mit niemandem reden müssen. Duri fühlte sich wie von einer Dampfwalze plattgefahren. Zuhause angekommen wischte er seine Tränen ab, zog die Schuhe aus und wollte in die Stube treten. Da fiel sein Blick auf das Bild, das noch im Gang stand. Er hatte es gestern dort angelehnt, damit die Farbe ganz trocknen konnte. Duri erschrak. Eine eisige Schlange kroch ihm über den Rücken und blieb an seinem Nacken hängen. Langsam trat er näher an sein Bild heran, streckte die Hand aus, berührte die Leinwand. Doch was er sah, stimmte: Das Gemälde zeigte die Brücke in dieser imperfekt-perfekten Art. Sie lud ihn als Betrachter zu sich ein, liebkoste ihn. Aber sie war leer. Die Kutsche, die er gemalt hatte, war fort. War vermutlich nie dagewesen. Also doch eine Einbildung. Duri zitterte. Schweisstropfen traten auf seine Stirn. Sein Kopf brummte.

Wurde er jetzt tatsächlich wahnsinnig?

Nun meldete sich wieder sein Verstand. Duri eilte in die Küche, kramte in der Schublade nach einer grossen Taschenlampe, fand sie, schlüpfte schnell wieder in seine Schuhe und eilte nach draussen. Er stürmte den kleinen Trampelpfad von seinem Haus hinunter zum grösseren Feldweg. Dort liess er die Taschenlampe aufleuchten und suchte den Boden ab. Tatsächlich! Hufabdrücke hatten sich in den Matsch gegraben. Und dahinter erkannte Duri auch die Spuren der Wagenräder. Also doch! Der Wagen war da gewesen. Aber hatte er ihn auch tatsächlich auf das Bild gemalt? Oder war das eine Sinnestäuschung gewesen?

Duri begann wieder an sich zu zweifeln. Er war nicht mehr sicher, was real und was erträumt war. Aber vielleicht lag dazwischen auch nur eine feine Linie, die an ihren Rändern verschwimmt? Während Duri ins Haus zurückkehrte, jagte er seine Grübeleien fort. Es gab keine Lösung. Entweder hatte er eine Kutsche gemalt, die aus dem Bild gesprungen und plötzlich vor ihm erschienen war. Oder er hatte eine viel zu blühende Fantasie. Beides wäre seltsam, aber nicht beunruhigend. Die Kutsche, falls sie real war, wäre ein Tor zu jener Welt, die er so begehrte. Eine Verbindung zu der Brücke. Ebenso die Fantasie. Insofern handelte es sich am Ende um zwei Seiten derselben Medaille.

Wichtiger war es, über Gieri nachzudenken. Denn dieser war zweifelsohne real. Die ganze Sache mit dem Erbe wurde für Duri zu einem belastenden Problem. Er wusste, dass Gieri im Unrecht war. Sein Vater war nicht an gebrochenem Herzen, sondern an Krebs gestorben. Allerdings war Duri unentschlossen, ob er das Geld von Jon überhaupt wollte. Konnte er Geld von jemandem entgegennehmen, der ihn nur verachtet hatte, der ihn sogar im Tod noch quälte? Wollte er dieses Gefecht mit seinen Verwandten schlagen? Oder lieber in Ruhe seine Fantasie entdecken? Er hatte ja genug, um zu leben. Jons Geld hätte ihm finanzielle Unabhängigkeit gewährleistet, aber er brauchte es eigentlich nicht. Leider hatte es ihm Gieri mit seinem Anruf unmöglich gemacht, das Erbe auszuschlagen. Nun verbot es sein Stolz. Er konnte Gieri diesen Gefallen nicht tun. Es ging nicht. Duri hasste seinen Onkel dafür. Er spürte, dass er sich einen Wall zu bauen begann; er musste sich schützen, aber ihnen nicht in die Hände spielen. Es war eine diffizile Situation.

Duri seufzte laut. Er kannte sich gut genug, um zu wissen, dass er wohl die nächsten zwei Nächte nicht würde schlafen können. Vielleicht konnte ihn seine Brücke beruhigen, wie sie es so oft schon getan hatte?

Mit den Malutensilien im Gepäck ergriff Duri das Bild ohne Kutsche. Auch wenn er sich nur eingebildet hatte, das Gefährt gemalt zu haben, wollte er das Gemälde doch nicht hierlassen. Es war ihm mittlerweile ans Herz gewachsen. Noch immer zog es ihn seltsam an, schien mit ihm zu flüstern. Also nahm er es mit.

Er wanderte zur Brücke und dachte dabei weiter an seine Verwandten. Duri konnte nicht durchschauen, was sie genau bezweckten. Während er die Staffelei aufstellte, das Bild zurechtrückte, die Farben auf die Palette drückte und den Pinsel ergriff, versuchte er, aus einer Aussensicht auf die Sache zu blicken. Was waren die Fakten?

Jon hatte eine Frau geliebt, die er geheiratet und geschwängert hatte. Sie hatte ihn verlassen. Duri tunkte den Pinsel in die Farbe. Er begann zu malen und sinnierte weiter. Der aus dieser Verbindung entsprungene Sohn glich, je älter er wurde, desto stärker seiner Mutter. Jon hatte den Kontakt nicht gesucht, doch war er unvermeidlich gewesen. Duris Tante hatte Jon nicht gemocht – und er sie auch nicht. Später hatte Jon eine andere Frau, die eine Tochter hatte, kennengelernt. Sie waren für einige Zeit zusammengekommen, hatten sich aber zerstritten. Diese

Frau tauchte nun Jahre später, kurz vor Jons Tod wieder auf und heiratete ihn. Dann war da noch Gieri, Jons jüngerer Bruder. Duri wusste, dass die beiden sich immer gezankt hatten, vor allem über Geld. Nach dem Tod ihrer Eltern hatten sie wegen Erbstreitigkeiten jahrelang nicht miteinander geredet. Doch Jon hatte Gieri trotzdem als Testamentsvollstrecker eingesetzt. Was war auffällig daran?

Duris Hand malte, während sein Gehirn arbeitete. Zunächst fiel auf, dass niemand Jon wirklich gemocht hatte, zumindest nicht bis kurz vor seinem Tod. Das war wenig verwunderlich. Duri hatte seinen Vater als einen frustrierten, gehässigen, fast schon bösen Mann gekannt. Aber er schien auch ein sehr einsamer Mensch gewesen zu sein. Das einzig Liebenswerte an ihm – und auch sein einziges Machtmittel – war sein Geld gewesen.

War Jon schon immer so gewesen? Hatte ihn Duris Mutter deshalb verlassen? Oder hatte erst dieser Verlust Jon so verbittert werden lassen?

Wieder fragte sich Duri, welche Rolle Gieri spielte. Wieso stellte er sich bedingungslos hinter Petra, obwohl er jahrelang Streit mit Jon gehabt hatte? Hatten sich die beiden Brüder vor dem Tod versöhnt? Oder steckten Gieri und Petra unter einer Decke und hatten alles geplant, um Jon eins auszuwischen, mit ihm zu spielen? Und wie passte er, Duri, in das Ganze hinein? Hatte der Vater ihn enterbt, um ihm, der ihn immer an Chatrina erinnert hatte, zu quälen – oder vielmehr sinnbildlich Chatrina damit zu bestrafen? Oder waren das alles Machenschaften Petras, die sich einfach bereichern wollte und der Duri egal war; während Gieri zu ihr hielt, weil ihm dieser Schachzug selbst mehr Geld einbrachte? Hatten Gieri und Petra etwa ein Verhältnis?

Oder verhielt es sich ganz anders, und Jon hatte Petra etwas schenken wollen? Quasi als Wiedergutmachung für das Leid, das er ihr zugefügt hatte? War Jon vielleicht sogar ein Held?

Duri kam auf keinen grünen Zweig mit seinem Nachdenken. Das ganze Grübeln bereitete ihm Kopfschmerzen und hinderten ihn daran, sich auf die Brücke zu konzentrieren. Schliesslich gab er auf. Es hatte keinen Sinn. Er brauchte mehr Teile, um dieses Puzzle lösen zu können.

Duri senkte seinen Pinsel. Dann betrachtete er sein Bild. Wiederum zeichneten sich dort unterbewusste Fantasien ab: Er hatte Linard gemalt, wie er sich gelassen gegen die Brüstung der Brücke lehnte. Neben ihm stand ein Goldtopf, aus dem ein facettenreicher Regenbogen erwuchs, der sich um das Geländer der Brücke wand.

Eine tiefe Wärme und Ruhe ging von diesem Bild aus. Duri spürte wieder diese enge Verbundenheit mit dem Gemälde. Wenn die Farbe nicht noch feucht gewesen wäre, hätte er seinen gemalten Linard mit den Fingerspitzen

sanft gestreichelt. Doch Duri konnte sich beherrschen.
Es war ein gutes Bild. Er könnte es seinem Freund zum
Geburtstag schenken.

Vorsichtig löste Duri seinen Blick von dem Gemälde, so
als würde ein zu radikales Abwenden es beleidigen. Dann
räumte er seine Sachen in den Rucksack, nahm das Bild
sorgfältig hoch und spazierte langsam durch das Dorf zu
seinem Häuschen hinauf.

Rosé

Blankweisse Verwunderung

Am nächsten Tag war Freitag. Während Duri seinem gewohnten Arbeitsalltag nachging, schob er die Gedanken an seine Verwandten und deren Treffen beiseite. Er erwartete, dass man ihn danach sofort anrufen würde. Doch nichts geschah.

Es wurde Abend und Nacht, aber niemand meldete sich. Auch der Samstag verging ohne Anruf. Duri begann sich zu ärgern. Er überlegte sich, ob er bei Gieri nachfragen sollte. Aber er entschied sich dagegen. Die anderen waren nicht befugt, ohne seine Zustimmung etwas festzulegen. Also konnte er genauso gut warten.

Als jedoch auch am Sonntag niemand anrief, hielt er es nicht mehr aus. Duri beschloss, seinen Freund mit den Katzen zu besuchen. Neben der Brücke, die allerdings erst im Dunklen ihren Zauber verbreitete, konnte ihn nur Linard beruhigen.

Duri ergriff seine Mütze und marschierte los.

Bald schon stand er vor Linards Pforte. Der Maler öffnete die Türe, rief ein lautes „Hallo" in die Dunkelheit dahinter und wartete. Es dauerte keine halbe Minute, da erschien Linards graue Mähne im Gang. Er sagte nichts, sondern starrte Duri nur an. Dieser blickte etwas verwirrt zurück. Schliesslich fragte er: „Was ist los?"

„Ich wollte am Freitag Morgen ein Bild aufhängen",
antwortete Linard ohne zu grüssen. Duri merkte, dass es
um mehr als das Bild ging.

Er zog seine Schuhe aus und folgte seinem Freund in die
Stube. Dort neben dem Ofen klaffte ein Loch im ein-
fachen Dielenboden. Der Stubenboden war der ehemalige, uralte Stalluntergrund, bestehend aus Dielenbret-
tern, auf denen man noch die Kratzspuren von Ziegen
erkennen konnte. Duri warf Linard einen fragenden
Blick zu und trat zu dieser Wunde im Holz. Der Boden
schien mit einem spitzen Gegenstand absichtlich geöffnet worden zu sein.

„Was ist denn passiert?", fragte Duri und vergass seine
eigene Unruhe für einen Moment.

Linard schien ungewöhnlich nachdenklich zu sein. Er
kam zu Duri heran, ging zum achteckigen Stubentisch,
kehrte dann zu seinem Freund zurück und legte ihm die
Hand auf die Schulter. Schliesslich bemerkte er: „Komm,
setz dich. Willst du etwas trinken?"

Duri nickte und nahm auf einer der alten Stabellen Platz.
Linard holte aus dem Nussbaumbuffet zwei Gläser und
eine Flasche Röteli. Als der rote Likör die Gefässe füllte,
sagte er, mehr zu sich selbst als zu Duri: „Ich weiss nicht,
ob ich mich freuen oder wundern oder ängstigen soll. Es
ist so seltsam."

„Erzähl!"

„Ich habe vor einiger Zeit von Sabina ein Regenbogenbild bekommen. Es ist ein bisschen kitschig, aber ich dachte am Freitag, ich könnte es eigentlich aufhängen."

Duri hob schweigend seine Augenbrauen. Ein dumpfes Brummen begann beim Begriff „Regenbogen" in seinem Brustkorb zu vibrieren. Es breitete sich mit tausend Flügelschlägen aus, als Linard weiterfuhr: „Beim Aufhängen ist mir blöderweise der Hammer runtergefallen. Er hat ein Loch in den Dielenboden geschlagen. Das eine Brett ist durch die Wucht des Aufschlags gebrochen. Es war wohl ziemlich morsch. Aber trotzdem ist es verwunderlich, dass der banale Schlag eines Hammers… Naja. Zum Glück bin nicht ich per Zufall auf das morsche Brett draufgestanden. Ich hätte mir ja den Fuss brechen können. Dann wollte ich es flicken, aber es wurde nur schlimmer. Also habe ich beschlossen, das Brett abzusägen und ein neues einzusetzen."

Er schluckte leer und schwieg einen Augenblick. Die eine Katze nutzte die Ruhe und sprang Linard schnurrend auf den Schoss. Die Hand des Hünen begann sie mechanisch zu kraulen. Duri beobachtete ihn.

Linard blickte von der Katze auf und fixierte seinen Freund. Dann bemerkte er, noch immer sichtlich verwirrt: „Ich habe also das Brett abgesägt. Darunter befand sich ein Hohlraum. Er war uralt. Und weisst du, was ich dort gefunden habe?"

Sand

Duri besiegte das dumpfe Virbrieren, das seinen Körper als Resonanzinstrument benutzte, und bemerkte farblos, aber gleichzeitig sonderbar erregt: „Gold."

Nun weiteten sich Linards Augen: „Ja. Einen alten Keramiktopf voller Goldmünzen!" Er schluckte erneut und meinte dann: „Das ist einfach nicht möglich. Das hier war ein Stall. Die Leute waren sicher nicht reich."

„Hast du ihn noch?"

„Nein, natürlich nicht. So bin ich nicht. Ich bin am Freitag noch vor dem Mittag auf die Gemeinde. Dort hat man beim Archäologischen Dienst in der Hauptstadt angerufen. Die kamen am Abend und haben es sich angesehen. Sie waren sehr überrascht. So etwas habe es hier noch nie gegeben. Den Topf haben sie mitgenommen. Der kommt ins Museum. Ich erhalte einen Finderlohn. Aber darum geht es mir nicht. Kannst du glauben, dass ich die ganze Zeit auf einem Schatz gewohnt habe? Ich fühle mich wie ein Abenteurer. Oder noch besser: wie ein Pirat! Und gleichzeitig wie ein Verräter, weil ich das Versteck geöffnet und das Ganze dem Kanton gegeben habe. Vielleicht habe ich etwas entweiht, das verborgen bleiben sollte? Aber wieso hast du vorhin Gold gesagt?"

„Ach, ich habe einfach das gesagt, was am unwahrscheinlichsten war." Duri war nun paradoxerweise völlig ruhig. Er wusste, dass er eigentlich zittern und schreien müsste. Dass er vielleicht nach Hause rennen und nach dem Bild schauen sollte. Doch es erleichterte ihn ungemein, dass er dieses Mal sicher nicht träumte. Diese Zuversicht löste die ganze Spannung in ihm auf und verwandelte sie in eine Gelassenheit, die an Weisheit grenzte.

Duri redete noch ein wenig mit dem verwirrten Linard, dann verabschiedete er sich. Er musste nun dringend nach Hause. Das Bild wartete.

Kunterbunte Gegenwelt

Duri stand vor seinem Bild, das er wie immer im Gang zum Trocknen an die Wand gestützt hatte. Wie gehabt streckte sich darin die Brücke in die dunkle Nacht. Doch Linard, der Regenbogen und der Goldtopf waren verschwunden. Sie schienen nie dagewesen zu sein. Duri beugte sich tief über das Bild. Es war genau wie bei der Kutsche. Doch Duris Sicherheit von vorhin war weggeblasen; ein schleichendes Gefühl des Zweifels kroch ihm wieder den Nacken empor. War er doch verrückt? Duri bekämpfte dieses Gefühl. Angst und Vernunft waren seine stärksten Feinde bei der Suche nach jenem Tor zu einer anderen Welt. Die Brücke hatte ihm jene Pforte geöffnet. Er hatte sie zwar nicht durchschritten, aber sie durch sein Bild in diese Welt mitgenommen. Dieses Gemälde vor ihm war nicht Teil der Realität, sondern es schuf sie auf seine eigene sonderbare Art. Duri zwang die erneut aufbrechende Unsicherheit in sich nieder. Wenn sich dies wirklich so verhielt, dann…

Ein riesiges Nein bohrte sich in seine Gedanken. Wieder meldete sich sein Verstand. Das alles waren nur Zufälle. Es gab Pferdewagen; er hatte einfach einen typischen gemalt. Und, so ungewöhnlich es auch war, dass Linard einen Goldtopf in seinem Haus fand: Möglich war es. Magie war nur eine Erfindung für Märchen und Geschichten. Duri hatte wahrscheinlich nur geträumt, diese Dinge gemalt zu

Schwefelgelb

haben. Er betrachtete sein Bild lange, dann gab er dem inneren Drang nach, einen dritten Versuch zu wagen und sich damit zu beweisen, dass das Bild keine übernatürliche Macht besass, sondern nur ein ganz gewöhnliches Gemälde war. Danach würde er es wie alle anderen in den Inn schleudern und keine weiteren Gedanken mehr daran verschwenden.

Sorgfältig schlug Duri das Bild in ein Leintuch, verpackte es mit Schnüren und schulterte seinen Malrucksack sowie die Staffelei. Dann machte er sich auf den Weg in Richtung Brücke.

Es war ein schöner, klarer Abend. Über der Brücke leuchteten Sterne und verwoben sich zu Bildern, die nur die Fantasie erkennen konnte.

Duri stellte seine Staffelei schweigend, beinahe schon feierlich auf. Sorgfältig drückte er die Farben auf die Palette und legte seine Pinsel zurecht. Schliesslich löste er das imperfekt-perfekte Bild aus dessen Leintuchummantelung und legte es auf die Staffelei. Duris Blick haftete sich an dieses Gemälde. Es bat ihn zu sich, sog seine Gedanken auf. Die Verbindung, die es aufbaute, war stark und liess Duris Herz erzittern. War es eine Liebeserklärung?

Duri riss den Blick von seinem Werk los. Entschlossen ergriff er Pinsel und Farbe. Er wusste nicht, wie er das Bild vervollständigen sollte. Erneut vertraute er darauf, dass die Brücke ihn führen würde. Deshalb stand er lange unbeweglich vor der Leinwand und versank wieder in seinem Bild. Er begutachtete die Brücke, die er dort gemalt hatte. Sie war nicht perfekt, aber sie war schön. Fremdartig und doch unendlich vertraut. Es war seine Brücke. Sein Werk und sein Begehren gleichzeitig. Eine tiefe Leidenschaft brach in ihm auf, und eine ungestüme Liebe flog zu der Stahlkonstruktion vor ihm. Die Brücke über dem Inn verschmolz mit der Brücke auf dem Bild. Sie wurden eins, wurden perfekt, wurden der Zeit enthoben und waren gleichzeitig das Einzige, das eine Rolle spielte und real war. Da hob Duri seine Hand und begann zu malen.

Die Farben füllten die leere Stelle auf dem Bild wie von selbst. Es war die Brücke, die Duris Hand lenkte, die ihn verführte. Er verbannte alle Gedanken an seine Verwandten und gab sich ganz diesem Gefühl der tiefen Sehnsucht hin. Dennoch meldete sich immer wieder Gieri in seiner Erinnerung. Duri fragte sich, was dieser sich von der ganzen Sache versprach. Wieder zwang er seine Konzentration auf die Brücke. Dieser Abend gehörte ihr.

Duris Gedanken schwebten. Die Brücke hob ihr Geländer. Sie wurde zu seinem fliegenden Teppich, brachte ihn in eine Welt jenseits des Alltags, aber auch jenseits der Sterne. Eine Welt, in der es nur noch das rhythmisch immer gleiche Muster eines Jugendstilgeländers und vertraute Zärtlichkeit gab. In der...

Senfgelb

Ein kühler Wind kam auf und zerrte an Duris Mütze. Der Lufthauch brachte ihn mit einem Schlag wieder in die Realität zurück.

Duri schüttelte die Traumwelt ab und senkte die Hand mit dem Pinsel. Dann trat er einen Schritt zurück und musterte das Bild im Licht der Strassenlampe, die den Anfang der Brücke beleuchtete. Wieder erstaunte ihn, was er soeben gemalt hatte. Auf der Brücke stand ein Pferd. Es war weiss und hatte schwarze Punkte. Genüsslich schien es neben einer leuchtend hellen Himmelsleiter zu grasen.

Duri kniff die Augen zusammen und inspizierte das seltsame Sujet. Wie um alles in der Welt kam er auf eine solche Idee? Es war ein surreales Motiv, und Duri hätte am liebsten behauptet, dass es der Einfall der Brücke war. Doch Brücken waren, trotz aller Liebe, die er für diese hier fühlte, nur materielle Hilfsmittel, um über Flüsse zu gelangen. Duri verfluchte seinen Verstand und nahm das Gemälde vorsichtig von der Staffelei.

Herrlichkeiten in Schwarz-Weiss

Duri schlief in dieser Nacht lang und traumlos. Der nächste Tag war ein Montag, aber ein Feiertag. Duri hatte nichts vor, weshalb er lange ausschlief und dann gemütlich frühstückte. Draussen tauchte die Sonne die Welt in warmes Gold. Duri beschloss, in den Wald zu gehen und sich dort etwas von den anstrengenden letzten Tagen zu erholen. Sein Bild blieb im Gang stehen.

Anstatt den Pfad hinunter ins Dorf zu nehmen, wählte Duri den Weg hinauf und befand sich bald von Tannen umringt im Forst. Die Bäume wuchsen in den Himmel und pinselten dunkle Schatten auf den Waldboden. Duri sog den Duft nach Harz, Tannennadeln und rauher Rinde ein. Er fühlte sich in seinem Element. Das war die Welt, in der er loslassen konnte. Duri genoss den Spaziergang sehr; er liess sich von seiner Intuition treiben und verliess den schmalen Pfad. Zufrieden wanderte er durchs Unterholz, sprang über umgekippte Baumstämme, ruhte einen Moment auf einem ausgerissenen Wurzelstock aus. Dann zog es ihn weiter. Duri stieg einen Steilhang hinauf. Er schlug sich durch einige Sträucher, die zwischen den Bäumen ein dichtes Blätterwerk bildeten. Ein grosser Findling versperrte ihm den Weg. Doch Duri liess sich nicht entmutigen. Er kletterte an dem Steinklotz vorbei und erreichte wieder flacheres Gelände. Dort wuchsen die Tannen in etwas grösserem Abstand zueinander. Er wandelte wie in einer Säulenhalle zwischen ihnen hindurch. Was für einen majestätischen Thronsaal diese Bäume bildeten! Er wäre in seiner Schönheit jeder Königin würdig gewesen. Doch zugleich konnten unter den Baumkronen auch schwarze Drachen hausen. Zwischen diesen Tannen durfte die weisse Frau auf ihn warten. Hier hätte er den Mut, ihr die Frage zu stellen.

Duri spazierte wie durch einen Traum. Schliesslich wurden die Farben wärmer, und vor ihm tat sich eine kleine Lichtung auf. Er wollte sie soeben betreten, da stockte ihm der Atem. Mitten auf der Lichtung stand eine Treppe, aus Betonelementen zusammengesetzt, die in den Himmel ragte und irgendwo bei den Baumwipfeln endete. Sie glich einer Himmelsleiter. Endlos. Hell. Leuchtend. Davor graste ein weisses Pferd mit schwarzen Punkten. Es kaute friedlich. Als es Duri hörte, spitzte es die Ohren und hob den Kopf. Duri war auf alles gefasst. Das Ross beobachtete ihn einen Augenblick lang und brummelte dann zur Begrüssung in tiefen Tönen, so als ob es ihn kennen würde. Schliesslich kam es langsam und entspannt auf ihn zu und blieb mit gesenktem Kopf vor ihm stehen. Als wären sie Freunde. Duri starrte es eine Weile an, dann hob er zaghaft die Hand und fuhr dem Tier über die Stirn, über den Hals und die Schulter. Seine Finger kraulten das gepunktete Fell, während seine Gedanken rotierten.

Tannengrün

Vor ihm stand das Sujet seines Bildes. Ein surreales Motiv, das nicht wirklich sein durfte, aber es anscheinend doch war. Duri konnte das Pferd mit seinen Sinnen wahrnehmen. Er konnte es sehen, hören, riechen, anfassen. Er kraulte das Tier noch einmal, dann drehte er sich der Treppe zu. Der Maler näherte sich ihr ein bisschen zögernd und legte zunächst seine Hand auf ihre Oberfläche. Sie fühlte sich real an. Kühl, hellgrau. Duri stieg die Stufen hinauf. Die Treppe führte zu einer Aussichtsplattform, die über die Baumwipfel hinweg einen faszinierenden Blick auf das Tal freigab. Duri sah den Inn und weit entfernt auch seine geliebte Brücke. Da lächelte er und winkte ihr zu.

Beim Hinabsteigen wurde Duri nachdenklich. Nun hatte er den endgültigen Beweis, dass das Bild Dinge wahr werden liess. Oder dass er verrückt war, aber das schloss er sicherheitshalber aus. Angenommen, dass das Gemälde Gegenstände, Orte, Tiere, selbst Menschen aus jener anderen Welt in diese hier übertreten liess, was würde das bedeuten?

Duri zuckte plötzlich zusammen. Ein Gedanke schlug ihn wie ein Blitz. Aufgeregt hastete er den Berg wieder hinunter. Er stolperte mehrmals, raffte sich wieder auf und eilte nach Hause.

Dort im Gang stand sein Gemälde. Es zeigte die imperfekt-perfekte Brücke, aber die Stelle, wo er das Pferd und die Himmelstreppe gemalt hatte, war leer. Wieder hatte die Realität das Gemalte verschluckt. Oder das Gepinselte war in die Wirklichkeit entflohen. Duri bebte, während seine Finger über das Bild strichen. Die Farbe war nicht länger feucht. Wurde das Gemalte wahr, wenn die Farbe trocknete? Duris Finger streichelten die leere Stelle. Dieses Bild war wunderschön, faszinierend. Und gefährlich.

Duri trat einen Schritt zurück. Nun rannen ihm Tränen über die Wangen. Er wusste, dass er das Bild zerstören musste. Die Macht, diese Art von Realität zu erschaffen, sollte nicht in den Händen eines Menschen liegen. Gleichzeitig wusste Duri, dass er damit die einzige Verbindung, die ihm mit der Brücke gelungen war, vernichten würde. Die Brücke wäre nur noch ein Übergang in dieser Welt, nicht mehr zwischen den Sphären. Minutenlang stand er bewegungslos vor seinem Werk. Seine Gedanken wirbelten, bildeten farbige Muster, lösten sich kaleidoskopartig auf, fanden sich erneut. Ein Sturm zwischen Liebe und Angst, zwischen Hingabe und Beherrschung, zwischen Vollendung und Aufgabe wütete in ihm. Schliesslich hob er das Bild auf. Wie ein zu behütendes Kind trug er es in den oberen Stock. Dort wickelte er es sorgfältig in ein Leintuch und verstaute das Gemälde in einem alten Tannenschrank. Als er den Schlüssel im Schloss drehte, abzog und ihn oben auf den Kasten legte, pochte sein Herz. Er wusste, dass es die richtige Entscheidung war. Aber sie schmerzte.

Wie würde seine Welt jetzt aussehen? Würde es darin noch Farben geben?

Die graue Realität

Duri beobachtete seine Verwandten mit finsterer Miene. Sie sassen in Jons Haus um den niedrigen Sofatisch herum und besprachen die weiteren Entscheidungen, die der Nachlass mit sich brachte. Petra hockte neben ihrer Tochter und ihrem Schwiegersohn, ihnen gegenüber Gieri und seine Frau. Tante Britta hatte Kaffee gekocht, aber Duri geflissentlich übersehen beim Austeilen. Sie weigerte sich, mit ihm zu reden. Er hatte sich schliesslich selbst in der Küche ein Glas Wasser geholt. Dann hatte er sich auf einem Hocker niedergelassen, weil er nicht zu Petra aufs Sofa wollte. Duri kam sich vor wie in einem schlechten Film.

Irgendetwas konnte nicht stimmen. Gieris Blicke verharrten einen Moment zu lange auf Petra und waren Duri gegenüber zu abschätzig. Was sah er in der Witwe seines Bruders? Und was in dessen Sohn? Jessicas Lächeln war zu künstlich. Was wusste sie? Lucas Vermittlungsversuche ebenfalls. Was wollte er verbergen? Tante Britta war wie ein alter Drache, phlegmatisch, aber feuerspuckend, wenn man ihr zu nahe trat. Und dann war da noch Petra, die undurchsichtigste Figur von allen. Sie mied Duri, war passiv. Sie spielte das unschuldige Reh, das arme Opfer, das Hilfe benötigte. Aber Duri war sich bewusst, dass sie die Nutzniesserin des Ganzen war.

Sie spielte das Lamm und war die Hyäne. Oder doch nicht? Vielleicht hatte Jon sie wirklich geliebt?

„Duri!" Der Maler schreckte aus seinen Gedanken hoch. Er hatte nicht zugehört, was sie diskutiert hatten. Da er schwieg, fragte Gieri – offenbar zum zweiten Mal: „Willst du das Haus?"

„Nein. Das habe ich dir bereits gesagt."

Duri sah, wie Gieri Petra einen zweideutigen Blick zuwarf, dann sagte sein Onkel: „Nun, dann müssen wir das Haus wohl oder übel verkaufen. Es ist eine Schande. Jon hat all sein Geld in dieses schöne Gebäude hineingesteckt. Wenn wir es verkaufen, wird es vermutlich abgerissen. Die Lage ist sensationell. Man kann Luxuswohnungen hinstellen."

„Das ist ja schrecklich", flötete Jessica.

„Tja. Bis zum Verkauf muss das Haus aber instand gehalten werden. Jemanden, der putzt und den Rasen mäht, braucht es. Und das muss bezahlt werden", erklärte Gieri. Es klang neutral, obwohl Duri sich sicher war, dass etwas dahintersteckte.

Er schwieg.

„Ich habe für Jon noch die letzte Steuererklärung gemacht, kurz vor seinem Tod. Ich will ja nicht so sein, und ich habe es ja gerne gemacht. Aber es war viel Arbeit. Das würde ja dann auch dazu gehören", sagte Jessica.

Duri starrte sie an. Bevor er irgendetwas darauf erwidern konnte, antwortet Gieri: „Ja, das ist nur fair. Ganz klar.

Wir können dich aus der Erbmasse bezahlen. Also ist das beschlossen."

„Nein." Nun wehrte sich Duri. „Das ist doch lächerlich. Deine Mutter hat ihn ja geheiratet. So gesehen hast du die Steuererklärung für deinen Stiefvater gemacht. Das gehört doch nicht bezahlt."

Jessica funkelte ihn böse an. Nun griff Luca ein. Der Ton seiner Stimme war aggressiv: „Was soll das, Duri? Du willst hier Geld kriegen, obwohl du dich nie um deinen Vater gekümmert hast? Du missgönnst Jessy ihren verdienten Lohn für ihre Arbeit, weil du noch mehr für dich alleine willst? Wie geldgierig ist das denn? Was bist du nur für ein Mensch?"

Duri atmete tief ein, um nicht gleich aufzuspringen. Gieri, der die Situation wohl schon eskalieren sah, trat schnell dazwischen: „Wegen ein paar hundert Franken wollen wir doch nicht streiten. Hat denn sonst jemand ausser Duri etwas dagegen, dass wir Jessica aus der Erbmasse für ihre wertvolle Hilfe bezahlen?"

Alle Anwesenden erklärten, sie hätten gar nichts dagegen.

Duri glaubte, die Welt nicht mehr zu verstehen. „Gieri, ausser Petra und mir hat niemand irgendetwas dazu zu sagen. Du kannst hier nicht eine Abstimmung machen unter den Anwesenden."

Gieri seufzte und sagte väterlich: „Ach Duri, sei doch jetzt nicht so."

Tomatenrot

Da schwieg Duri. Er fühlte sich der Lächerlichkeit preisgegeben, aber auch unendlich hilflos.

Deshalb fragte er: „Und wie verkaufen wir das Haus? Über einen Immobilienmakler?"

Wieder griff Jessica ein: „Hach nein, das können wir doch nicht. Es lag meinem Vater doch so viel an dem Haus. Es…"

„Deinem Vater?" Duri hob verwundert die Augenbrauen.

„Ja, Jon."

„Seit wann ist Jon dein Vater?"

„Du selbst hast doch gesagt, er sei mein Stiefvater."

Duri ballte die Fäuste. Seine Fingernägel schnitten ihm dabei in die Handflächen. Aber er zwang sich, ruhig zu bleiben.

Statt die Fluchworte, die sich bereits in sein Gehirn gefressen hatten, herauszuschreien, fragte er: „Und was schlagt ihr stattdessen vor?"

Nun ergriff Gieri wieder das Wort: „Wir haben die Pläne vom Haus. Wir werden es zuerst schätzen lassen und dann selbst eine schöne Verkaufsmappe erstellen. Ein Makler ist nämlich teuer. Es wäre ja schade, die Erbmasse noch mehr zu verkleinern."

Nun verstand Duri, um was es ihnen wirklich ging: ums Geld. Eine fahle Verachtung stieg in ihm hoch und überzog seine Zunge mit einer schimmeligen Bitterkeit. Sein Magen krümmte sich zusammen; er hielt es keine Sekunde

länger hier aus. Deshalb fuhr Duri hoch, sagte irgendetwas wie: „Damit ist ja alles geklärt", und eilte nach draussen.

Die graue Leere, die sich in ihm ausgebreitet hatte, wich einer finsteren Müdigkeit, als er aus dem Haus trat.

Duri stieg in sein Auto, startete den Motor und sehnte sich nach den Farben seiner Brücke.

Duri fuhr auf die Autobahn ein. Mit jedem Meter, den er sich von den Verwandten entfernte, löste sich diese Dunkelheit langsam wieder und machte einer seufzenden Gleichgültigkeit Platz. Er hatte früher gehofft, durch das Erbe eine Art Wiedergutmachung für die Kälte seines Vaters zu erhalten. Dann kam diese Hochzeitsgeschichte hinzu. Nun gut, es war immer noch genügend Geld. Das Haus war viel wert. Und vielleicht war es am Ende sogar besser so, da sich nun die anderen um den Hausverkauf zu kümmern hatten.

Dennoch blieb dieses schimmelige Gefühl, betrogen zu werden, in Duri zurück.

MAISGRÜNE ALLMACHT

„Hier kommst du jeden Abend her?" Linard sah seinen Freund fragend an. Duri schaute an ihm vorbei über die Brücke, folgte mit den Augen ihren vollendeten Formen und antwortete schliesslich: „Nicht jeden Abend. Aber oft."

„Und du malst die Brücke?"

„Ja!"

Duri hatte nach gestern das Bedürfnis verspürt, mit Linard zu sprechen, ihm diesen Teil von sich zu offenbaren. Nun standen sie zusammen auf der Brücke, blickten auf den Inn hinunter. In Duri bauten sich Wolken aus Fantasiegebilden auf, aber er konnte nicht sprechen. Es war nicht so, dass er keine Worte gefunden hätte, sondern eine bleierne Schwere hatte sich auf seine Zunge gelegt. Jedes Wort wäre grelle Blasphemie gewesen, die die sanfte Dunkelheit mit einem brennenden Blitz durchbrochen hätte. Denn Worten konnte man nichts entgegensetzen.

Duri horchte auf die Geräusche des Flusses, roch den kühlen Wind, der von unten durch das Stahlgeländer zog. Linard schien zu erkennen, dass jede Silbe eine zu viel wäre. Deshalb schwieg auch er und genoss Duris Gegenwart. Die Brücke dankte ihnen ihre Stille mit einer fernen, vollendeten Sehnsucht und einer inneren Ruhe.

Vanille

Schliesslich löste sich Duri von dem Bauwerk und wandte sich Linard zu. Wie durch einen Windstoss hob sich das Gewand des Schweigens. Duri fühlte sich nackt, aber gleichzeitig auch frei. Er blickte in Linards Gesicht. Das Leben hatte sich dort eingegraben. Zwischen Falten des Nachdenkens liess sich ein sanfter Schalk um die Augen erkennen. Duri wusste nicht, wieso ausgerechnet sie Freunde geworden waren. Vielleicht war es nur Zufall gewesen; aber irgendwie ergänzten sie sich.

Linard erwiderte den Blick.

Schliesslich fragte Duri: „Wenn du die Macht hättest, die Welt nach deinen Wünschen zu formen, was würdest du tun?"

Linard dachte nach. Die Furchen auf seiner Stirn vertieften sich, seine Augen wurden ein bisschen dunkler, schliesslich antwortete er: „Ich weiss, was man tun müsste. Aber ich weiss nicht, was ich tun würde."

„Und was müsste man tun?"

„Man müsste die Welt zu einem guten Ort machen. Für alle Menschen. Aber auch für die Tiere und Pflanzen. Nur, wer weiss schon, was gut ist?"

Als Duri schwieg, fuhr Linard nach einer kurzen Pause fort: „Man müsste das Leid aus der Welt schaffen. Glück verbreiten. Aber vielleicht würden die Menschen dann träge werden. Man müsste den Krieg abschaffen, vielleicht den Tod. Aber gäbe es noch Leben ohne Tod? Oder bringt

nicht erst der Tod alles hervor? Ich bin mir nicht sicher. Deshalb: Ich weiss nicht, was ich tun würde. Ich bin froh, diese Macht nicht in meiner Hand zu halten."

„Und wenn es nicht um die Welt ginge? Wenn du nur deine unmittelbare Umgebung ändern könntest?"

„Dann würde ich schauen, dass aus dem Dorfbrunnen Wein fliesst." Linard grinste mit einem tiefen, gurgelnden Lachen.

Doch Duri blieb ernst. „Das heisst, wenn man nichts Grossartiges erschaffen kann, bleiben nur Belanglosig-keiten und Banalitäten?"

„Ich weiss es nicht. Ich würde schauen, dass es dir gut geht. Und den anderen Leuten, die ich mag. Ganz egoistisch würde ich auch schauen, dass ich nicht zu kurz komme.

Und trotzdem bin ich froh, dass ich es nicht kann. Sowas bringt nur Unruhe mit sich."

„Du hast recht. Es ist gut, dass wir es nicht können. Es wäre zu viel Verantwortung. Zu viel Macht."

Duri richtete seine Aufmerksamkeit wieder auf die Brücke. Sie hatte ihm dieses Geschenk gemacht, nun aber fragte er sich, ob es ein Segen oder doch ein Fluch war.

Flammenorangener Sinn

Nach diesem vielschichtigen Gespräch auf der Brücke vergingen mehrere Wochen, in denen nichts geschah. Duri arbeitete in seinem üblichen Rhythmus. Er besuchte Linard, um Katzen zu streicheln und Röteli zu trinken. Regelmässig ging er nach Einbruch der Dunkelheit zur Brücke. Er genoss ihre Gesellschaft wie immer, aber er malte sie nicht mehr. Das aussergewöhnliche Bild blieb fest im Schrank eingeschlossen. Duri öffnete die Tür zu seinem Gemälde – und zur Brücke – kein einziges Mal.
Innerlich fühlte er sich wie ein Wartender. Dies betraf auch die Sache mit Jons Haus. Gieri hatte bei jenem Treffen versprochen, die Verkaufsmappe fertigzustellen und zur Kontrolle an alle zu schicken. Doch es geschah nichts. Duri hörte kein Lebenszeichen von seinen Verwandten, bis schliesslich eine Rechnung ins Haus flatterte. Es war der Zins fürs Rasenmähen von Jons Garten, fürs Putzen des Hauses und die Autoversicherung.

Duri las die Rechnung dreimal durch. Das konnte doch nicht wahr sein. Wieso hatte niemand das Auto ausgelöst? Handelte es sich um den ganzen Rechnungsbetrag, den sie ihm stellten? Das Geld fürs Rasenmähen und Putzen sollte an Jessica gehen? Duri schüttelte den Kopf. Sein Onkel stellte ihm die Arbeit, die die Tochter seiner

Walnussbraun

neuen Stiefmutter in deren eigenes Haus steckte, in Rechnung? Duri war der Meinung, dass das Haus, da es ja sowieso abgerissen werden würde, auch kein Putzen und Rasenmähen mehr nötig hatte.

Tiefer Hass stieg in ihm hoch. Er telefonierte noch immer nicht gerne, doch wiederum trieb ihn die Wut, Gieris Nummer zu wählen. Der überfloss von falscher Freundlichkeit. Wie immer.

Duri fragte ihn geradeaus, was dieser Quatsch solle.

Gieri antwortete – und Duri konnte sich förmlich vorstellen, wie er dabei paternalistisch den Kopf schüttelte: „Aber Junge, ein Haus braucht Pflege. Die kriegst du nicht umsonst. Was meinst du denn?"

„Gieri, das war nicht abgemacht. Ich bezahle doch Jessica nicht für Arbeit, die ich nicht in Auftrag gegeben habe und im Übrigen auch nicht für nötig halte. Und was soll das mit dem Auto? Das muss man doch sofort auslösen."

„Nun, das hättest du mitteilen sollen. Wir sind alle der Ansicht, dass man das Haus pflegen muss und dass man Jessica für ihre Arbeit auch entlohnen sollte. Und das Auto wird von Petra benutzt."

„Von Petra? Ja, dann soll sie die Versicherung zahlen. Das kannst du doch nicht mir aufbürden."

„Also bitte. Das ist euer gemeinsamer Besitz; das Auto gehört dir ja auch. Du könntest es auch verwenden, wenn du nicht so weit weg wohnen würdest."

Wasserblau

„Aber ich wohne nun mal so weit weg. Das ist alles völlig lächerlich. Selbst wenn: Wieso soll ich den gesamten Betrag bezahlen?"

„Das ist nur die Hälfte."

„Fünfzig Franken pro Stunde für Jessica sind nur die Hälfte?"

„Ja, das ist heute halt teuer. Vor allem in unserer Region. Aber davon hast du natürlich keine Ahnung. Da, bei dir in den Bergen."

„Gieri, ich bezahle das nicht. Da gibt es keine Debatte."

„Du bist so ein Egoist, Duri. Wirklich eine Schande. Petra hat nicht viel Geld. Gönn ihr doch das Auto! Und Jessica hat auch nicht viel. Sie setzen sich ein und arbeiten hart. Das muss man auch belohnen."

Duri schluckte seine Wut hinunter. Nach einer kurzen Pause fragte er: „Was ist denn mit dem Hausverkauf? Hat sich da etwas getan? Haben Leute das Haus angeschaut? Gibt es schon einen Käufer? Wieso informiert ihr mich nicht?"

„Nein. Gibt es noch nicht. Petra will das Haus noch nicht verkaufen."

„Wie meinst du das?"

„Sie ist emotional noch zu sehr berührt. Sie trauert noch. Sie kann das noch nicht."

„Was? Das ist doch völlig absurd. Sie hat Jon nicht geliebt. Er war für sie nur eine günstige Gelegenheit, um an Geld zu kommen."

Duri merkte, dass er mit diesem Satz zu weit gegangen war. Gieri explodierte. Nach einigen Schimpfwörtern warf er Duri lautstark an den Kopf, dass er keine Ahnung habe und ein rücksichtsloser Kerl sei. Dann folgten all die Vorwürfe, die Duri sich bereits mehrmals hatte anhören müssen. Dass er seinen Vater nicht unterstützt habe, dass seine Mutter und er schuld an dessen Unglück gewesen seien, dass er Petra als Retterin hasse, dass er egoistisch sei, dass…

Duri hängte auf. Dann sank er schreiend auf die Knie. Die Tränen erstickten sein Heulen. Er konnte nicht mehr, und er mochte auch nicht mehr. Er wollte nicht mehr nachdenken, nicht mehr beschimpft werden, nicht mehr hassen. Er wollte nicht, dass sein Vater noch länger diese Macht über ihn hatte. Die Fesseln, die Jon um ihn herum gestrickt hatte, waren noch immer lebendig und wuchsen mit jedem Wort seines Onkels, bauten ein Netz aus Dornen und zermalmten Duri darin. Es mochte ja sein, dass Jon Duris Mutter gehasst hatte, weil sie ihn verliess. Es war wahrscheinlich, dass er in Duris Gesicht ihr Antlitz gesehen hatte. Dass er ihn als Sündenbock für seine Mutter genommen und seinen Hass für sie auf ihn projiziert hatte. Aber was konnte Duri dafür? Er war noch ein Baby gewesen, als all das passiert war.

Langsam erhob sich Duri und wischte die Tränen weg. Er musste die Macht seines Vaters brechen. Dafür gab es nur eine Möglichkeit. Sie würde ihn als schwach dastehen lassen. Aber es ging nicht mehr um Schwäche oder Stärke. Es ging auch nicht um Ehre. Sondern um Freiheit.

Entschlossen wählte Duri eine Telefonnummer und liess sich beraten. Von dem hageren Herrn mit dem eindringlichen Blick.

Nach dem Anruf atmete Duri durch, schloss einen Augenblick die Augen, dann tapste er in sein Studierzimmer und schnappte sich ein Blatt Papier und einen Stift. Zitternd setzte er eine Verzichtserklärung für das Erbe auf. Duri hatte sich entschlossen: Er konnte und wollte sich nicht mehr von seinem toten Vater zerstören lassen. In diesem Nachlass schlug Jons Herz und würde immer pochen, solange das Haus in Duris Gedanken war oder das Geld sich auf seinem Konto wälzte. Das ganze Erbe war ein Gefängnis, das ihn mit Stacheldraht umschloss und dessen Mauern sich langsam, stetig, mordend näherten. Er musste aus diesem Treibsand der Gier, des Hasses, der Eifersucht und der Bosheit entkommen.

Sorgfältig steckte er den Brief in einen Umschlag und eilte damit zur Post, um ihn einschreiben zu lassen. Sobald er den Umschlag abgegeben und die Gebühr bezahlt hatte, fiel ihm ein riesiger Fels vom Herzen und purzelte krachend wie eine steinerne Lawine ins Tal. Als das weisse

Couvert auf den Berg mit den anderen Briefen landete
und aus seiner Sicht verschwand, brach der Bann. Das Gefängnis öffnete sich. Es war vorbei. Er war frei.

Enzianblauer Spiegel der Vernunft

Duri wusste, dass er das Richtige getan hatte, auch wenn seine Handlung in ihm das nagende Gefühl einer Niederlage hinterliess. Er hatte sich seine Freiheit erkauft. Vielleicht war diese Niederlage ein Opfer für seine Mutter, vielleicht eine Handlung gegen seinen Vater, aber sie brachte tatsächlich eine immense Erleichterung mit sich.

Vier Wochen lang ging es Duri bestens. Er kraulte mit Linard Katzen, besuchte jeden Abend seine Brücke, ohne sie zu malen, arbeitete fröhlich im Archiv und ging sogar zweimal zum Dorfstammtisch. Er fühlte sich von einer riesigen Last befreit.

Bis eines Abend wieder das Telefon klingelte. Duri nahm etwas widerwillig ab. „Ja?"

„Guten Abend, Duri, hier ist Gieri. Wir wurden von der Gemeinde über deine offizielle Verzichtserklärung informiert. Dass du das Erbe ausschlägst, ist das erste Vernünftige, was du in deinem Leben machst."

Duri erwartete halbwegs, dass Gieri etwas lallen würde wie: „Dein Vater wäre stolz." Doch sein Onkel ging in eine ganz andere, unerwartete Richtung: „Du hast das Geld für den Unterhalt des Hauses aber noch nicht bezahlt."

„Wie meinst du das?"

Yodagrün

„Ja, die Rechnung, die wir dir geschickt haben. Fürs Rasenmähen und Putzen. Und das Auto."

„Ich verzichte auf das Erbe. Mich interessiert das nicht
mehr."

„Tja, die Rechnung haben wir dir aber vor deinem Verzicht
gestellt. So einfach ist das nicht."

„Gieri, das ist einfach lächerlich."

„Ach, jetzt kommt dein Egoismus wieder hervor? Und ich
dachte schon, du hast dich gebessert. Aber ich hätte es ja
wissen müssen. Du wirst nie anders sein. Du bist rück-
sichtslos und…"

Duri hängte wieder auf. Gleichzeitig entglitt ihm sein Denken. All seine Beherrschung, mit der er die letzten Monate
seine Gefühle niedergezwungen hatte, brach auf und über-
flutete ihn. Das Gespräch verfinsterte seinen Geist, eine
schwere, tiefgrüne Wut verfärbte sein Herz und liess es
nicht mehr los. Er hatte gehofft, frei zu sein, doch nun
begannen die Forderungen von vorne. Was wurde hier gespielt? Was wollte Gieri? Ein Drache mit hundert Köp-
fen umschlang Duri, vergiftete ihn, aber weckte ihn auch.
Plötzlich. Und stark.

Duris Selbstzweifel wichen einem glühenden Schlund aus
Lava. Er wusste, dass das, was hier geschah, nicht aufgrund
irgendeiner Bosheit seinerseits passierte. Stattdessen wurde ihm bewusst, dass seine Verwandten ihn zu ihrem Wi-
dersacher erkoren hatten und versuchten, ihn um jeden

Preis in diese Rolle zu drängen, egal, was er tat. Die Macht ihrer Worte spiesste ihn auf. Er konnte sich nun als Opfer ihrer Gewalt beweinen und dafür in den Himmel kommen. Oder aktiv werden und dagegen kämpfen. Nach viel zu langem Schlummer brach der Stolz in Duri auf und begann zu wüten. Jetzt waren sie zu weit gegangen!

Zum ersten Mal gab sich Duri der Rolle des Widersachers hin. Sie wollten ihn als Bösen? Nun gut. Wenn sie den Sturm herbeischworen, ja geradezu darum bettelten, würde er sie niederreissen.

Duri atmete kurz durch, dann stampfte er die knarrende Stiege ins Obergeschoss hinauf. Er war bereit, die Erinnerung an seinen Vater auszulöschen.

Duri stand auf der Brücke. Eine sternenklare Nacht breitete sich über ihm aus. Auf der anderen Seite reckte sich der schwarze Wald in die Dunkelheit. Die Brücke lag schlafend vor ihm. Ihre vollendeten Bögen überspannten das Flüstern des Flusses.

Duris Gedanken waren so klar wie nie zuvor, und zugleich waren sie nicht mehr Teil dieser Welt. In ihnen reflektierte sich die Brücke. Sie lächelte, sie zeigte dem Maler den Weg, sie verschmolz mit ihm.

Langsam justierten Duris Hände die Reisestaffelei. Andächtig drückte er die Farbe auf die Palette. Er stellte das imperfekt-perfekte magische Bild auf seinen Platz.

Als er zu malen begann, verschmolz Duri mit der Brücke.

Zartblau

Ihre Bögen vereinten sich mit seinem Verlangen; ihr Jugendstilgeländer wurde zu rankenden Blättern seines Denkens; ihr Holzboden pochte mit seinem Herzen, und tief unten umschlangen ihn die schäumenden Wasser des Inns. Duri war nicht länger ein Mensch: Er war alles, das sich um ihn herum aufbäumte. Er tanzte wie der Fluss über die Steine, er erhob sich mit den Arven und Föhren in den nächtlichen Himmel. Er beugte sich in vollkommenen Zügen über die Schlucht. Er malte. Und die Farben vermischten sich mit seinen Tränen.

Als sich seine Hand schliesslich senkte, trat Duri einen Schritt zurück. Trotz der Finsternis konnte er das Bild vor sich genau erkennen. Die flackernde Lampe hinter ihm zeigte das Gemalte in aller Deutlichkeit und schien es lebendig werden zu lassen. Duri betrachtete es lange schweigend. Sachte kehrte er wieder in die Realität zurück, entwirrte sich aus den Schlingen der Brücke.

Sein Verstand sagte, dass er vor dem Bild vor sich zurückschrecken müsste. Sein Herz sog es jedoch begierig ein. Es war bedrohlich und boshaft, aber es war auch wild und faszinierend. Der Anwalt hatte von ausgleichender Gerechtigkeit gesprochen. Doch darum ging es Duri in diesem Moment gar nicht. Das Einzige, was das Bild auslöste, war die Befreiung von der Unterdrückung seiner Gefühle.

Das Gemälde zeigte noch immer die Brücke. Aber davor, in vollendeter Grausamkeit war Jons Haus zu sehen. Duri hatte es perfekt getroffen: die weissen Mauern, die grünen

Fensterläden, den Sitzplatz, das grosse Dachfenster. Doch es quälte sich. Hohe, lodernde Flammen frassen sich durch das Dach hinunter bis in den Keller. Der Rauch verfinsterte das Gemälde. Duri glaubte, den Geschmack des Feuers auf der Zunge zu schmecken, die Schreie der Mauern zu hören.

Ehrfürchtig, im Wissen um die Macht der Brücke, nahm Duri das Bild von der Staffelei und lehnte es ans Geländer. Mehr würde er nicht malen. Es lag nun nicht mehr an ihm. Die Brücke war die Richterin in dieser Sache. Sie würde entscheiden, ob er die Grenzen überschritten hatte oder nicht. Sie war die Gerechtigkeit. Denn Linard lag falsch. Worten konnte man etwas entgegensetzen, das ebenso mächtig und viel eindringlicher war.

Bilder.

Zitronengelb

FARBE CHÖPFLI